NonFiction
論創ノンフィクション 008

私たちは学術会議の任命拒否問題に抗議する

人文社会系学協会連合連絡会 編

はじめに——学術会議の任命拒否問題を理解するために

木原活信
（日本社会福祉学会会長）

日本学術会議の推薦者六名が内閣総理大臣によって否認されるという前代未聞のことが起こった。日本学術会議（以下、学術会議）は、戦前戦中に国家権力が学問を隷属させ、戦争協力を強いてしまったことへの反省に立ち、そのようなことが二度と起こらないように戦後つくられたものである。それゆえ発足当初より時の政治権力から自由な立場で発言してきた。それが今般、任命拒否という突然の政治介入がなされたことは、かつての治安維持法により同志社の住谷悦治の逮捕（一九三三年）、京大の滝川事件（一九三三年）、美濃部事件（一九三五年）、矢内原事件（一九三七年）など、国家権力による学問統制の暗黒の時代を想起せざるをえなかったのは私だけではなかったであろう。

その当時、思想、学問の弾圧にはじまり、報道統制、宗教への弾圧、文化芸術を統制し、国家への服従を強いた挙句に、あの悲惨な戦争へと突き進んでしまったのである。NHK連続テレビ小説「エール」では、主人公の音楽という才覚も戦争協力の道具と化していく姿が克明に描かれていた。キリスト者家族であった主人公の妻の親族への弾圧も描かれていた。卑近な例であるが私の母を信仰に導き、祖父のような存在として慕っていた故・石濱義則氏もキリスト教信仰ゆえに、戦中に思想犯として逮捕・起訴され「不敬罪」として投獄された。当時の迫害のリアルな様子を石濱氏から聞かされた私は、国家による個人の信仰の弾圧について人一倍敏感となっており、今回の学術会議への政治介入が再び全体主義国家の階段を上っていく一歩にならないかと危惧している。

さて学術会議問題での危惧を受けて、「人文社会系学協会連合連絡会」(以下、連絡会)を発足したが、それはこのたびの事態を憂えて「この指とまれ」方式の臨時的集まりに過ぎない。連絡会には、文学、言語学、哲学、宗教学、歴史学、科学史、考古学、心理学、教育学、社会学、文化人類学、社会福祉学、社会政策学、経済学などの様々な分野における中心的な学会や学会連合が加わり、人文・社会科学系諸分野のほぼ全体をカバーしている。これらの学会が、それぞれの学問領域を超え、立場やイデオロギーとは関係なく、ただこの問題の深刻さを憂えて、二〇二〇年一一月六日に共同声明を発出した。当日は主要な学会の代表一〇名が日本記者クラブで記者会見し、内閣府に要望書を提出した。

本書はこれらの経緯を世に問うべく緊急出版したものである。まだ議論の渦中にありながらも公刊を急いだのは、この問題に対しての偏見やデマによる誤解が流布しており、この際、正確に事実を伝え、それに基づき議論を深めて欲しいというねらいがある。また、この問題への取り組みを生きた鼓動のまま後世に残し、関係者が何を考え、どう動いたのかという証言を歴史的資料として留めておきたいというねらいもある。

ところで、人文・社会科学系の諸学会は、自然科学系に比べて、分野を超えた横断的組織がなく、分野内でも学会間の連絡組織がない分野があるなど、多元的で分散的な状況であったと言わざるをえなかった。この点は改めて反省させられる点であるが、その意味では、三〇〇を超える多くの学会が一つにまとまって賛同、参加等して共同声明を出すのは、画期的な出来事であり、われわれが知る限り歴史的に見て初めてのことである。逆に言えば、このことは、今回の任命拒否問題がいかに深刻な問題であり、人文・社会科学系の様々な分野の学会に不安や動揺が広がっていることを示唆している。本書を通じてその懸念と問題の本質を少しでも共有していただければ幸いである。

なお、本書を読むにあたって、以下の三点を留意いただきたい。

（1）目次で執筆者の氏名のところに＊印を付しているのは、本連絡会メンバーであることを意味する。＊印のない場合は、メンバー外である。

(2) 本書でのそれぞれの執筆者の見解は本連絡会を代表しているのではなく、あくまで執筆者個人が自らの考えを自由に表明している。

(3) 本書では個別学会の声明を掲載している。本来ならばそのすべてを掲載したいが、紙幅の関係で、代表的な三二の学会のみを選出した。その際の選出基準は、全体としては学問領域のバランスを考慮することを前提に、第一部候補は学問領域のそれぞれ代表的学会を選出、第二部候補は各学問領域の特徴が出ているものを選出、第三部候補は歴史的視点があり抗議の意味合いが強いものを選出している。なお、掲載されなかったその他の学会声明も貴重な証言であり、それらは各学会等のホームページを参照されたい。

緊急出版ゆえに粗削りなところがあるのはご容赦いただきたい。そして、本書を通じて、学術会議の任命拒否問題の真相を少しでもご理解していただき、関心をもっていただければ幸いである。

木原活信（キハラ・カツノブ）

一九六五年生まれ。同志社大学社会学部教授。博士（社会福祉学）。専門は福祉思想史・福祉哲学。日本社会福祉学会会長、日本キリスト教社会福祉学会会長。山室軍平の研究で新島論文賞。ジェーン・アダムズの研究で福武直賞。主著に『J・アダムズの社会福祉実践思想の研究』（川島書店、第五回福武直賞）、『社会福祉と人権』（ミネルヴァ書房）、『弱さの向うにあるもの』（いのちのことば社）、共著に『良心学入門』（岩波書店）、『自殺をケアするということ』（ミネルヴァ書房）など多数。

目次

学術会議とは何か

木村茂光
（日本歴史学協会元委員長）

1　日本学術会議の発足

日本学術会議は一九四九年一月二〇日、「日本学術会議法」の施行をもって発足した、わが国の人文・社会科学、生命科学、理学・工学の全分野約八七万人の科学者を内外に代表する機関である。

その発足にあたって、次のように決意表明している。

われわれは、これまでわが国の科学者がとりきたつた態度について強く反省し、今後は、科学が文化国家ないし平和国家の基礎であるという確信の下に、わが国の平和的復興と人類の福祉増進のために貢献せんことを誓うものである。（中略）われわれは、日本国憲法の保障する思想と良心の自由、学問の自由及び言論の自由を確保するとともに、科学者の総意の下に、人類の平和のためあまねく世界の学界と提携して学術の進歩に寄与するよう万全の努力を傾注すべきことを期する。（「日本学術会議の発足にあたって科学者としての決意表明（声明）」、一九四九年一月二二日）

このように、第二次世界大戦中に科学と学問が国家の戦争政策に動員されたことに対する深い反省を出発点に、「わが国の平和的復興と人類の福祉増進のために貢献」することを目的として日本学術会議（以下、学術会議）は設立された。

声明で「強く反省」すると言っている代表的な事例として、いわゆる「七三一部隊」と原子爆弾開発計画をあげておこう。七三一部隊とは正式名称を「関東軍防疫給水部本部」といい、陸軍軍医学校を中核として、日中戦争の時期に満州において兵士の感染症予防や衛生的な給水体制の研究に携わるとともに、細菌戦に使用する生物兵器の研究・開発を行った機関で、その開発のために中国人捕虜を利用して人体実験を行ったといわれている。

次の原子爆弾開発計画としては、第二次世界大戦中に陸軍と海軍によって進められた二つの計画があった。その一つ「二号研究」は陸軍のもとで理化学研究所の仁科芳雄博士のグループによって行われた開発である。仁科はウランの分離によって原子爆弾が作れる可能性を見いだしていたが、一九四五年の空襲によって理化学研究所の建物が焼失し、開発は中止された。日本における二つの原爆開発は幸いにも実現しなかったが、日本が広島と長崎に投下された「原爆」によって敗戦を迎えたことは周知の事実である。

これら二つの事例からもわかるように、戦前の科学者・研究者は「戦争」という国策に否応なく組み込まれていた。それだけでなく、もしかしたら細菌兵器や原爆など大量殺戮の武器を造らされたかもしれないという事実を、私たちはしっかりと認識しておかなければならない。ちなみに、前述の仁科は原爆開発に携わった反省を踏まえて、発足と同時に学術会議会員になり、自然科学部門の最初の副会長を勤めている。

これらの戦争政策に動員されたり、その経緯を知る科学者たちの「深い反省」をもとに結成されたのが学術会議であった。だからこそ「日本学術会議法」第三条では、学術会議の具体的な職務を、

1　科学に関する重要事項を審議し、その実現を図ること。
2　科学に関する研究の連絡を図り、その能率を向上させること。

と規定して、それを「独立して」行うことが明記されたのである。

たとえば、戦前、「皇国史観」という忌まわしい天皇制イデオロギーに翻弄された歴史研究者は、学術会議設立の年、その克服を目指して歴史資料の保存とそれを実現するため

の史料館設置の運動を開始したが、その目的として、それまでの支配者の歴史ではない、庶民の歴史のための資料を保存することを謳っていたことは象徴的である。この運動は一九五一年に文部省史料館（現在の国立国文学研究資料館のアーカイブズ部門）の設立として結実した。

2　日本学術会議の構成

次に学術会議の構成について概観しておこう。

まず会員であるが、人数は二一〇人で六年の任期、これは三年ごとに半数が入れ替わる。今回、一〇五人の会員の任命が問題になっているのはこのことによる。会員以外に連携会員が約二〇〇〇名任命される。したがって、学術会議の活動は約二二一〇人の会員・連携会員とによって担われている。

なお、会員・連携会員の選出は、関係諸学会から提供された候補者情報を参考に、現在の会員・連携会員が候補者を推薦し、何段階かの選考委員会を経て学術会議自らが選考するコ・オプテーション方式で行われている。あまり聞き慣れない方式だが、これは世界各国のアカデミーでも採用されている国際的な選考方式であることを明記しておきたい。

会員は第一部人文・社会科学、第二部生命科学、第三部理学・工学の三つの部会に所属している。第一部の会員は約七〇名だが、今回そのうちの六名の任命が拒否されたから、一割減の体制で第一部は運営せざるをえない状況にある。

そして各部の下には、全体で三〇の分野別委員会が設置されている。ちなみに第一部には一〇の分野別委員会が設置されている（表1）。そして各分野別委員会のもとには複数の分科会がおかれている。たとえば、心理学・教育学委員会の場合は表2のように一一の分科会が設置されており、第一部全体では約三〇〇の、学術会議全体では約一〇〇〇の分科会が設置されている。さらに、これらの部と分野別委員会とは別に、四つの機能別委員会と一〇の課題別委員会が設置されている。これら委員会と分科会の数の多さは、学術会議がいかに多様で多くの国民的な現代的課題に取り組んでいるかを示している。

また、第二三期からは「若手研究者の発想を社会の諸課題の解決に生かし、将来の学術界を担う若手研究者を育成する」組織として「若手アカデミー」

表1　第1部に属する委員会
①言語・文学委員会（以下、「委員会」略）　②哲学　③心理学・教育学　④社会学　⑤史学　⑥地域研究　⑦法学　⑧政治学　⑨経済学　⑩経営学

表2　心理・教育学委員会のもとの分科会
①法と心理学分科会（以下、「分科会」略）　②社会のための心理学　③心の先端研究と心理学専門教育　④実験社会科学　⑤教育学の参照基準検討　⑥排除・包摂と教育　⑦脳と意識　⑧健康・医療と心理学　⑨心理教育プログラム検討　⑩他委員会との合同・子どもの成育環境　⑪他委員会との合同・行動生物学

が常設され、現在約四〇名の若手会員が活躍していることも付け加えておきたい。

3　学術的・社会的活動

委員会・分科会の活動以外の主な学術的・社会的な活動をまとめておこう。

まず「提言」である。これは、学術会議がその実現を望む科学的な事柄について発出した意見であるが、二〇二〇年度は六七件が発出されている。第一部を中心に主な提言をあげると、「社会と学術における男女共同参画の実現を目指して」(科学者委員会男女共同参画分科会他)、「性的マイノリティの権利保障をめざして(Ⅱ)」(法学委員会他)、「社会的モニタリングとアーカイブ」(社会学委員会)などである。

次に国内の「公開シンポジウム」は、当面する喫緊の課題について広く国民や社会に向けて発信する取り組みであるが、二〇二〇年度は「人・移動・帰属　変容するアイデンティティ」(法学委員会)、「大学入試改革と歴史系科目の課題」(史学委員会)など八五件が開催された(オンライン開催と予定も含む)。

次に国際シンポジウム(共催も含む)は二〇一九年度は「第二五回ＩＣＯＭ(国際博物館会議)京都大会」など六件が開催された。最後に二〇一九年度の国際会議等への代表派遣は「北極科学サミット週間２０２０、国際北極科学委員会評議会(アイスランド)」など三七を数える。

4 まとめ

以上、学術会議の発足、その構成と活動の概要を主に人文・社会科学を中心に紹介したが、二一〇名の会員、二〇〇〇名の連携会員という限られた人数で、当面する多様な喫緊の課題に取り組み、広く国民や社会に向けて発信し続けているか理解していただけるであろう。

このように、学術会議は、日本社会の中での学術のあり方について考え、国民・社会のための学術の推進を実現していく機関として必要不可欠な存在であり、今後もその役割を十分に果たすことが期待される。

【参考文献】

・常石敬一『医学者たちの組織犯罪―関東軍七三一部隊』(朝日文庫)
科学史・科学社会学の研究者が、発見された『軍医学校防疫研究報告』をもとに、日中戦争中、日本軍の細菌戦研究の中核にあった七三一部隊(石井部隊)の戦争犯罪の実態と全容を解明したドキュメンタリー。
・伏見康治『時代の証言―原子力科学者の昭和史』(同文書院)
戦後日本の理論物理学の第一人者で日本学術会議の会長も勤めた著者が、自らの研究遍歴を語りつつ、戦前・戦後の原子力研究の動向を分かりやすく叙述している。

・日本学術会議『日本学術会議創立七〇周年記念展示　日本学術会議の設立と組織の変遷―地下書庫アーカイブの世界』（二〇一九年、日本学術会議ホームページより）

学術会議設立七〇年にあたり、地下書庫に収蔵されてきた発足当初からの諸史料を整理し、主な史料を展示した際に作成された展示図録。展示史料の紹介とともに、発足以後の組織の変遷と活動がコンパクトに紹介されている。http://www.scj.go.jp/ja/scj/print/pdf/p70kinen.pdf

木村茂光（キムラ・シゲミツ）

一九四六年生まれ。東京学芸大学名誉教授、日本歴史学協会常任委員。博士（文学）、専門分野は日本史。大阪市立大学文学研究科博士課程満期退学後、一九八〇年に東京学芸大学教育学部講師、一九九四年教授。二〇一二年に同大学定年退職、帝京大学部文学部教授。二〇一七年同大学退職。第二一・二二期日本学術会議会員、元日本歴史学協会委員長。著書に『ハタケと日本人』（中公新書）、『中世社会の成り立ち』、『平将門の乱を読み解く』（以上、吉川弘文館）など多数。

学術会議の存在意義——政治的偏向はありえない

佐藤　学
（東京大学名誉教授）

日本学術会議はどんな組織か

私は、二〇〇三年から一四年まで一一年にわたり会員でした。第一部（人文・社会科学）の副部長（二〇〇五—〇八年）と部長（二〇一一—一四年）も務めました。

日本学術会議（以下、学術会議）は一九四九年設立で、日本学術会議法は、教育基本法や国立国会図書館法と並び、前文をもつ理念的で特別な法律です。前文では「科学が文化国家の基礎であるという確信に立つて、科学者の総意の下に、わが国の平和的復興、人類社会の福祉に貢献し、世界の学界と提携して学術の進歩に寄与することを使命とし、ここに設立される」と宣言しています。

二〇〇四年法改正で、学術会議の性格は大きく変わりました。改正直前（小泉政権下）は省庁再編の議論が盛んで、保守的な政治家から学術会議は政治的な団体だと色眼鏡で見られ、存続の危機を迎えました。法改正によって学術会議は大きく改革され、それまでの科学者の総意を結集する「学者の国会」から、省庁と連携し科学者独自の立場から政策提言を行う役割と、当時約七〇万人（現在八七万人）の科学者コミュニティの代表性を兼ね備えた「国立アカデミー」へと姿を変えました。

会員の選出方法も変わりました。それまでは分野ごとの学会の連絡協議会で会員を推薦していましたが、二〇〇四年法改正以後は、会員（二一〇名）と連携会員（約二〇〇〇名）と学協会（約二〇〇〇学会）が推薦する候補者から「優れた研究又は業績」を基準にして、会員が選考し推薦する方式に変わりました。「コ・オプテーション」と呼ばれるこの方式は現在まで続いています。

学術会議の独立性について

日本学術会議法第三条には「独立して（中略）職務を行う」と規定されています。これは「政府から独立して」という意味です。たとえ内閣府が所管する機関であろうとも、組織と活動の独立性は担保されています。この原則は戦後一貫して変わりませんでした。ところが、菅義偉首相は任命拒否によって、この独立性を侵害してしまいました。

任命拒否の問題点

今回の任命拒否には、三つの点で問題があると考えています。一つ目は、任命権の濫用《らんよう》であり、法に違反している点です。日本学術会議法第七条二項には「第一七条の規定による推薦に基づいて」内閣総理大臣が会員を任命するとある。その第一七条には「優れた研究又は業績」によって会員候補者を選考して「内閣総理大臣に推薦する」とある。

この選考手続きにおいて内閣総理大臣には裁量権（＝拒否権）はないことが、中曾根康弘元首相の国会答弁（一九八三年五月一二日）で確認されています。内閣総理大臣には「形式的」な任命権はあっても、学問上の業績を評価する能力はないからです。内閣法制局の解釈はその後も変わっていないはずです。

今回の菅首相の任命拒否によって、この原則が踏みにじられました。こんなことが許されたら、国立大学学長についても文部科学大臣の任命ですから、この人はダメ、あの人はダメと拒否することができてしまう。菅首相の任命拒否は明らかな違法行為であり、暴挙としか言いようがない出来事です。

二つ目に、国際アカデミーの一翼を担う国立アカデミー会員をトップの政治権力者が任命拒否するなどという事態は、民主主義国のアカデミーでは考えられないことです。国際的に恥ずかしい学問の冒瀆《ぼうとく》と言っていいでしょう。

三つ目は、学問の自由に対する侵害です。政治権力の中枢にいる者が特定の学者や政権の意向に従わない研究者を排除するという行為は、憲法第二三条の定める「学問の自由」の露骨な侵害です。

学術会議の役割について

学術会議は日常的に様々な政策提言を行っています。その数は二四期（二〇一七—二〇年）の三年間で提言八五、報告二三、記録二一です。少子高齢化やエネルギー開発、教育、医療、福祉など、ありとあらゆる政策を科学者の立場で議論しています。その中の一つが気に入らないという理由は考えにくい。

それらの提言のうちいくつかは国の政策に採用されるが、まったく無視されることも少なくない。何回も会議を重ねて学者として発言しなければならないことを提言して、政府はそれを取捨選択して活用しているので、学術会議から何かを提言されたから政府が困るということはないと思います。むしろ、国の動きに協力している提言の方が多いと思います。学術的な検証を経た政策提言は、国にとって大きなメリットがあります。

国と社会への貢献

一九六〇年代には原発推進などの国のエネルギー政策（今となっては問題もありますが）を推し進める提言も出ていますし、近年は東日本大震災の復興計画策定で政府に協力する提言や、研究不正問題を受けて科学者の倫理綱領を作成する取り組みなど、国と政府への貢献は挙げればきりがないほどです。

年々予算が削られ調査費もつかず、私が部長をつとめた二〇一四年ごろから手当の辞退も事務局から要請され、その後は交通費も十分に出ない状態になりましたが、それでも会員と連携会員は手弁当で社会のため、国のため、政府のために献身的にやってきました。

政治的偏向はありえない

学術会議の仕組み上、政治的に偏った提言を出すことはありえません。三つある部のもとにテーマ別分科会がつくられて議論され、提言内容が政治的バランスを確保しているかどうか、絶えずチェックが入ります。科学者共同体を代表するということは政治的に偏向できないということです。もう少し政治的にはっきりさせた提言を出すべきだと思うこともしばしばあるくらいです。

私も個人として政治的発言をすることはありますが、学術会議はそういう発言をする場所ではありません。自分の政治的立場から研究し発言する学者は二流、三流の学者です。会員に選出されるような一流の学者は違います。自分の政治的立場や個人的利益は捨てて、純粋に科学者の立場から言うべきことを提言します。政治学者であっても、自らの政治的立場ではなく、学問的な政治学の立場から妥当な見解と思うことを言う。一般の方には分かりにくいとは思いますが、それが学者の守るべき節度です。

私が二二期で委員長（二三期で副委員長）を務めた原子力発電のあり方をテーマとした分科会では、議論が紛糾し、提言をまとめるまでに三年を要しました。しかし、立場の異なる研究者が個人的見解ではなく学問的根拠のある意見を持ち寄り、時間をかけて一致点を探ることは可能です。その結果、まどろっこしい結論になったり、時間がかかることもありますし、政府の見解と合っていることもあれば違っていることもある。そうして提出された政策提言を活用するかどうかは、政府の判断です。

学問への政治介入

最近、学問への政治介入が目立っています。科学研究費の問題では、自民党の一部政治家やネット右翼によって、政治学やフェミニズム関係の研究者が狙い撃ちされることが起こりました。今回の任命拒否は、そうした流れの延長線上に位置づけられると思います。

たとえば、今回任命されなかった宇野重規さんは政治学、加藤陽子さんは歴史学、芦名定道さんは宗教学の専門家ですが、いずれも政治的発言は控えめで、政治的に偏った人ではありません。岡田正則さん、小澤隆一さん、松宮孝明さんも法学者として発言してこられた方です。どなたも安保法制や「共謀罪」などの国の方針に批判的だったことは事実です。それによって任命拒否されたと受け取るのが自然でしょう。しかし、それらの発言も政権への批判を意図したのではなく、それぞれの学問的根拠による主張でした。

学問を守ることは社会の知性と良識を守ること

今回の出来事は菅内閣総理大臣就任の二週間後に起きましたが、安倍政権を継承して起きた問題であることは間違いないでしょう。菅首相は、なぜ新会員を任命しなかったのか、その理由を明らかにすべきです。もし理由を明らかにできないならば、任命見送りを速やかに撤回すべきです。学術会議は、今後も菅首相の任命拒否を承認することはないでしょう。

この問題は政府を告訴する訴訟になりかねない大事件です。学問を守るということは、社会の知性と良識を守るということです。この事件は、日本の社会や文化や経済にとっても死活問題です。できるだけ多くの人々に、国民全体にとっての重大問題であることを理解していただきたいと思っています。

（注記：この論稿は、二〇二〇年一〇月六日付『朝日新聞デジタル』のインタビュー記事に加筆したものである）

佐藤学（サトウ・マナブ）

一九五一年生まれ。東京大学名誉教授。教育学博士。東京大学大学院教育学研究科博士課程単位取得退学。学習院大学特任教授。全米アカデミー会員。アメリカ教育学会名誉会員。日本教育学会元会長。日本学術会議第一九期、二〇期（第一部副部長）、二一期、二二期（第一部部長）会員。著書に『学校を改革する』、『教育方法学』（以上、岩波書店）、『学校改革の哲学』（東京大学出版会）など。

声明 第一部

人文・社会科学系学協会
日本哲学系諸学会連合
日本宗教学会 理事会
日本近代文学会・昭和文学会・日本社会文学会・日本文学協会
日本言語学会 評議員会
日本歴史学協会
日本文化人類学会 理事会
日本社会学会 理事会
日本社会福祉学会
日本心理学会
日本教育学会
法と心理学会 理事会
日本経営学会 理事会

声明については、本書では元テキストが横書きのものを縦書きにして掲載した。この変更にともない、たとえば横書きであれば「上記」とする部分を「右記」とするなど、テキストに若干の修正をおこなった。また、声明文に記載された事務局の住所や連絡先は、省略した。（論創ノンフィクション編集部）

日本学術会議第二五期推薦会員任命拒否に関する人文・社会科学系学協会共同声明

私たち人文・社会科学分野の一〇四学協会（内、四学会連合を含む）および一一五の賛同学協会（内、一学会連合を含む）は、日本学術会議が発出した二〇二〇（令和二）年一〇月二日付「第二五期新規会員任命に関する要望書」に賛同し、下記の二点が速やかに実現されることを強く求めます。

1. 日本学術会議が推薦した会員候補者が任命されない理由を説明すること。
2. 日本学術会議が推薦した会員候補者のうち、任命されていない方を任命すること。

（二〇二〇年一一月六日／二〇二〇年一二月二日更新）

参加学協会（一四〇学協会）

備考：「無印」は学会として。「＊」は学会理事会等として。「＊＊」は会長として。

異文化間教育学会＊／大阪歴史学会／科学技術社会論学会＊／科学基礎論学会／科学社会学会＊／カルチュラル・スタディーズ学会＊／環境社会学会＊／関西社会学会＊／関東社会学会＊／基礎経済科学研究所／北ヨーロッパ学会／教育史学会＊／教育思想史学会／教育目標・評価学会＊／経済理論学会＊／言語系学会連合／言語文化教育研究学会／工業経営研究学会＊／考古学研究会＊／高大連携歴史教育研究会＊／国際ジェンダー学会＊／古事記学会／古代文学会＊／社会言語科学会＊／社会事業史学会＊＊／社会政策学会／社会政策関連学会協議会＊／首都圏形成史研究会／上代文学会＊／上智大学史学会＊／昭和文学会＊／女性史総合研究会／心理科学研究会＊／説話文学会＊＊／全国大学国語国文学会＊／専修大学歴史学会／総合女性史学会／大学評価学会＊／千葉歴史学会／地方史研究協議会／中央史学会／中古文学会＊／中世哲学会＊／中世文学会＊／東京歴史科学研究会＊／同時代史学会＊／東南アジア学会＊／／東北社会学会／東北哲学会＊／名古屋歴史科学研究会／奈良歴史研究会／日仏社会学会／日本EU学会＊／日本英語学会／日本映像学会＊／日本応用心理学会／日本音韻論学会＊／日本音楽教育学会＊＊／日本科学史学会＊／日本学校音楽教育実践学会／日本カリキュラム学会＊／日本環境教育学会＊＊／日本韓国語教育学会＊＊／日本看護福祉学会＊／日本教育学会／日本教育工学会＊／日本教育社会学会＊／日本教育心理学会＊／日本教育法学会／日本教育メディア学会／日本教師学学会／日本教師教育学会＊／日本教授学習心理学会＊＊／日本キリスト教社会福祉学会＊／日本近代文学会＊／日本グループ・ダイナミックス学会／日本言語学会／日本現象学会＊／日本高等教育学会＊＊／日本語学会＊／日本語教育学会＊＊／日本国際理解教育学会＊／日本古文書学会＊／日本サルトル学会＊／日本史研究会／日本社会学史学会＊／日本社会学会＊／日本社会学理論学会＊／日本社会教育学会＊＊／日本社会福祉学会＊／日本社会文学会＊／日本宗教研究諸学会連合＊＊／日本18世紀学会＊／日本職業教育学会＊／日本ショーペンハウアー協会＊／日本女性科学研究者の環境改善に関する懇談会（JAICOWS）＊／日本秦漢史学会／日本心理学会／日本

数学教育学会／日本スポーツ社会学会*／日本青年心理学会*／日本生理心理学会*／日本ソーシャルワーク学会**／日本村落研究学会*／日本地域福祉学会**／日本中東学会*／日本哲学系諸学会連合／日本都市社会学会*／日本ナイル・エチオピア学会／日本乳幼児教育学会／日本発達心理学会*／日本比較経営学会**／日本比較文学会*／日本美術教育学会／日本フェミニスト経済学会*／日本福祉教育・ボランティア学習学会**／日本文学協会*／日本文化人類学会*

賛同学協会（一七〇学協会）

秋田近代史研究会／秋田大学史学会／アジア経営学会*／アジア鋳造技術史学会日本支部*／イタリア学会／岩手史学会／印度学宗教学会**／英語語法文法学会／オーストラリア学会*／鷹陵史学会*／大阪歴史科学協議会*／関東教育学会**／教育哲学会**／共生社会システム学会*／京都大学基督教学会／京都民科歴史部会／キリスト教史学会*／経営関連学会協議会*／経営史学会**／経済学史学会**／藝能史研究会*／ゲーテ自然科学の集い*／現代史研究会*／交通史学会／国際芥川龍之介学会**／国際幼児教育学会／子どもと自然学会*／駒沢宗教学研究会*／西行学会*／史学研究会／実存思想協会*／社会経済史学会*／社会思想史学会*／宗教哲学会*／「宗教と社会」学会*／宗教倫理学会*／ジェンダー史学会*／ジェンダー法学会*／障害学会*／女性労働問題研究会*／新プラトン主義協会*／人文地理学会**／数理社会学会*／スピノザ協会*／駿台史学会*／政治経済学・経済史学会*／政治思想学会*／西洋史研究会／戦国史研究会／全国英語教育学会*／全国社会科教育学会／全国数学教育学会／体育史学会*／大学教育学会／大学史研究会*／地域社会学会*／地域女性史研究会*／中部教育学会**／中部哲学会*／朝鮮語教育学会**／朝鮮史研究会*／筑波哲学・思想学会*／哲学会*／ドイツ現代史研究会*／東欧史研究会**／東海社会学会*／東京学芸大学史学会／東北史学会／東洋史研究会／内陸アジア史学会／西田哲学会*／西日本社会学会*／日

英教育学会／日仏教育学会*／日仏哲学会*／日仏歴史学会／日本アメリカ文学会**／日本アフリカ学会*／日本イギリス哲学会*／日本移民学会*／日本印度学仏教学会*／日本英文学会*／日本ＮＰＯ学会*／日本オセアニア学会**／日本音声学会*／日本解放社会学会*／日本家族社会学会／日本学校教育学会*／日本学校保健学会**／日本家庭科教育学会*／日本カナダ学会**／日本歌謡学会*／日本環境会議*／日本旧約学会*／日本教育行政学会**／日本教育実践学会*／日本教育政策学会**／日本教育方法学会**／日本基督教学会*／日本キリスト教教育学会*／日本近代仏教史研究会*／日本経営学会**／日本ゲニザ学会／日本考古学協会*／日本行動分析学会*／日本山岳修験学会*／日本シェリング協会*／日本ジェンダー学会*／日本史攷究会*／日本質的心理学会*／日本社会科教育学会*／日本社会心理学会／日本社会病理学会*／日本社会分析学会*／日本宗教学会*／日本儒教学会*／日本職業リハビリテーション学会／日本女性学会*／日本新約学会*／日本生活学会*／日本生活指導学会*／日本体育科教育学会／日本西蔵（チベット）学会*／日本中国学会*／日本地理学会*／日本哲学会*／日本道教学会**／日本動物心理学会*／日本特殊教育学会*／日本独文学会*／日本特別活動学会／日本箱庭療法学会*／日本犯罪社会学会**／日本風俗史学会／日本福祉文化学会／日本仏教綜合研究学会*／日本フランス語学会*／日本文学風土学会**／日本平和学会*／日本ヘーゲル学会*／日本保育学会*／日本保育ソーシャルワーク学会／日本保健医療社会学会*／日本保健医療社会福祉学会／日本ポピュラー音楽学会*／日本マイクロカウンセリング学会*／日本流通学会／日本労働社会学会*／ハイデガー・フォーラム／パーリ学仏教文化学会*／白山史学会*／比較家族史学会*／比較思想学会*／美学会／東アジア近代史学会*／貧困研究会*／福祉社会学会*／仏教思想学会*／文化史学会*／法政大学史学会*／北東アジア学会*／北海道社会学会*／美夫君志会*／洛北史学会／林業経済学会*／歴史人類学会／ロシア史研究会／ロシア・東欧学会**／早稲田大学史学会*／早稲田大学東洋史懇話会*

（五〇音順。二〇二〇年一一月二七日までに参加・賛同いただいた学協会を掲載）

日本哲学系諸学会連合（JFPS）共同声明

日本哲学系諸学会連合（JFPS）委員長　野家啓一

日本哲学系諸学会連合（JFPS）は、今般の政府による日本学術会議推薦会員の任命拒否について、学術活動に携わる団体として看過できない事態と考え、日本学術会議が一〇月三日に公表した「第二五期新規会員任命に関する要望書」を全面的に支持し、任命拒否の理由の開示、ならびに任命拒否の撤回を強く要望いたします。

賛同団体

日本哲学会理事会／中世哲学会理事会／日本宗教学会理事会／筑波大学哲学・思想学会／日本印度学仏教学会理事会／比較思想学会理事会／日本中国学会理事会／日本現象学会委員会／東北哲学会／美学会／日本ヘーゲル学会理事会

（到着順）

（二〇二〇年一〇月二五日）

日本学術会議新規会員の任命拒否について

日本宗教研究諸学会連合委員長 島薗進

この度、日本学術会議が新たに会員に推薦した一〇五名のうち、人文社会科学系の研究者六名が内閣総理大臣によって任命されませんでしたが、これは学術活動に関わる団体としてけっして容認できない事態です。

任命されなかった方々のうち第一部哲学委員会に属する予定だった一名は、日本宗教学会の役員を長く務め、学術上の業績、識見からして、日本の宗教研究を代表するに足る方です。この方を含め、それぞれの分野での学術的な評価を経て推薦された六名の研究者が正当な理由なく任命されなかったことは理解に苦しむところです。

日本学術会議は、「科学が文化国家の基礎であるという確信に立って、わが国の平和的復興、人類社会の福祉に貢献し、世界の学界と提携して学術の進歩に寄与すること」を使命として設立されました。今回の事態は、この設立理念に反し、日本学術会議の独立性を冒し、ひいては日本における学問の自由と自律を脅かすことにもつながりかねないと危惧します。

日本学術会議の要望に沿って、六名の研究者がすみやかに会員に任命されることを、内閣総理大臣に対し強く要望いたします。

（二〇二〇年一〇月七日）

賛同学会（一〇月八日から一一月一七日までに賛同いただいた学会）

日本印度学仏教学会理事会／筑波哲学・思想学会評議委員会／日本宗教学会理事会／西田哲学会理事会／宗教哲学学会理事会／宗教倫理学会評議会／日本山岳修験学会理事会・評議員会／日本基督教学会理事会／日本道教学会会長　丸山宏／日本近代仏教史研究会運営委員会／印度学宗教学会会長　木村敏明／「宗教と社会」学会常任委員会／駒沢宗教学研究会理事会／日本旧約学会委員会（会長：月本昭男）／日本新約学会理事会（代表者：大貫隆）／パーリ学仏教文化学会理事会／キリスト教史学会理事会／日本仏教綜合研究学会理事会／仏教思想学会理事会

声明：「日本学術会議」に対する政治介入に抗議し、会員任命拒否の撤回を求めます

日本近代文学会理事会／昭和文学会常任幹事会／日本社会文学会理事会／日本文学協会

一〇月一日、「日本学術会議」の新会員をめぐり、同会議が推薦した候補者のうち人文・社会系の学者六名を菅義偉首相が除外したことが一斉に報じられました。「日本学術会議」は、一九四九年一月、内閣総理大臣の所轄でありながら政府から独立して職務を行う「特別の機関」として設立され、「行政、産業及び国民生活に科学を反映、浸透させること」を目的としています。人文・社会科学から理学・工学にいたる全分野の約八七万人の学者を代表する組織で、二一〇人の会員と約二〇〇〇人の連携会員によって、「政府に対する政策提言」や「科学者間ネットワークの構築」「科学の役割についての世論啓発」などを担っています。さまざまな学問分野からその業績によって推薦された会員候補者を、一部とはいえ、首相やその側近が理由も示さずに任命から除外することは、憲法が保障する「学問の自由」を浸蝕する異例の政治介入と言わざるを得ません。またこのような措置により、今後、政府の政策を建設的に正していく提言を行いにくい状況が生じることが危惧されます。「学問の自由」が保障されなければならないのは、一時的な政策によってゆがめられることなく真理と真実の追究を行い、そのことによって広く人類の発展に寄与するからです。学問に携わる者、志す者として、このような学問の意義に対する蹂躙に強く抗議し、経緯及び理由の説明とともに「日本学術会議」会員任命拒否の撤回を求めます。

（二〇二〇年一〇月七日）

日本近代文学会理事会 代表・紅野謙介／安藤宏・飯田祐子・石川巧・一柳廣孝・金子明雄・佐藤泉・十重田裕一・松下浩幸・山口直孝

昭和文学会常任幹事会 代表・大橋毅彦／飯田祐子・石川巧・石田仁志・一柳廣孝・金子明雄・久米依子・五味渕典嗣・鳥羽耕史・山岸郁子

日本社会文学会理事会 代表・小森陽一／綾目広治・岩見照代・大和田茂・尾西康充・勝村誠・川口隆行・黒川伊織・小林明子・小林孝吉・小林美恵子・金野文彦・佐川亜紀・佐藤泉 塩谷郁夫・篠崎美生子・島村輝・杉山欣也・竹内栄美子・武内佳代・高橋敏夫・東谷篤・内藤由直・成田龍一・深津謙一郎・本庄豊・村上克尚・村上陽子・村上林造・矢澤美佐紀

日本文学協会 委員長・阿毛久芳／小嶋菜温子（日本文学協会運営委員長）

日本学術会議「第二五期新規会員任命に関する要望書」についての声明

日本言語学会

日本言語学会は、日本学術会議の「第二五期新規会員任命に関する要望書」を全面的に支持します。

（二〇二〇年一〇月九日　日本言語学会評議員会にて決議）

菅首相による日本学術会議会員の任命拒否に強く抗議する（声明）

日本歴史学協会

日本学術会議（以下、学術会議とする）第二五期の活動が開始されるにあたり、学術会議が推薦した会員候補一〇五名のうち、日本近代史を専攻する歴史学者一名を含む六名の候補の任命を、菅首相は拒否した。

そもそも日本学術会議法（以下、法とする）第七条二に「会員は、第十七条の規定による推薦に基づいて、内閣総理大臣が任命する。」とあり、第十七条には「日本学術会議は、規則で定めるところにより、優れた研究又は業績がある科学者のうちから会員の候補者を選考し、内閣府令で定めるところにより、内閣総理大臣に推薦するものとする。」とある。したがって、学術会議の会員の任命にあたっては、何よりも学術会議の推薦が尊重され、内閣総理大臣の任命は形式的なものであることは明らかである。この点、一九八三年五月一二日の参議院文教委員会における中曽根康弘首相（当時）の「これは、学会やらあるいは学術集団から推薦に基づいて行われるので、政府が行うのは形式的任命にすぎません。したがって、実態は各学会なり学術集団が推薦権を握っているようなもので、政府の行為は形式的行為であるとお考えくだされば、学問の自由独立というものはあくまで保障されるものと考えております。」との発言からも裏づけられる。

菅首相による今回の任命拒否は、こうした法の規定や従来の政府見解を踏みにじる、まさしく法律違反であり、とうてい容認することはできない。

また、菅首相が、今回の任命拒否にあたって、歴史学を含む人文・社会科学の六名の研究者をその対象にしたことも看過できない。

まず、その六名の研究者をなぜ任命拒否したかについての個別の事情を明らかにしないことが問題である。おおかたの観測によれば、六名の研究者が、安倍政権時代、安全保障関連法制、特定秘密保護法、いわゆる共謀罪の創設を含む改正組織的犯罪処罰法等に反対の意思を表明したことが、任命拒否の理由ではないかとされているが、かりにそうした政策批判を理由に任命拒否を行ったのであるならば、これは、〝御用機関に堕す〟よう政府が学術会議に強要することにほかならない。同時に「科学に関する重要事項を審議し、その実現を図」り「科学に関する研究の連絡を図り、その能率を向上させる」職務を「独立」して学術会議が行うとする法第三条の規定に違反する行為であると言わざるを得ず、ひいては日本国憲法第二十三条で保障される「学問の自由」を侵すものに他ならない。

今回の事態に私たちは、歴史学を専攻する研究者として、戦前において、久米邦武事件、津田左右吉事件などの諸事件において、歴史学の研究成果が政治的に否定されたこと、あるいは、国民統制を目的にして史実に反する歴史の教育が強制されたことを想起せざるを得ない。戦後民主主義下の一九四九年に学術会議が発足するにあたって、「われわれは、これまでわが国の科学者がとりきたった態度について強く反省し、今後は、科学が文化国家ないし平和国家の基礎であるという確信の下に、わが国の平和的復興と人類の福祉増進のために貢献せんと誓うものである。（中略）われわれは、日本国憲法の保障する思想と良心の自由、学問の自由及び言論の自由を確保するとともに、科学者の総意の下に、人類の平和のためあまねく世界の学界と連携して学術の進歩に寄与するよう万全の努力を傾注すべきことを期する」（「日本学術会議の発足にあたって科学者としての決意表明（声明）」一九四九年一月二二日）と誓ったことにかんがみると、今回の事態はまさにこの学術会議設立の精神を否定するものである（「日本学術会議創立七〇周年記念展示日本学術会議の設立と組織の変遷」）。

さらに、今回の任命拒否の対象が、政治・社会等の課題を発見し未来に向かって提言することを一つの使命とする人文・社会科学に携わる研究者であったことは、政権の一部にある、人文・社会科学を軽視しその存在意義を認めない傾向――例えば、二〇一五年六月八日の下村博文文科相（当時）が国立大学法人に対して行った通知（「国立大学法人等の組織及び業務全般の見直しについて」）にも通底する――を助長することにつながる。万一、こうした動きに「忖度して」人文・社会科学を学ぼうとする方々が少なくなれば、日本の学問・研究は萎縮していくことになるであろう。

私たち歴史研究者は、学術会議の「答申」により文部省史料館（のちに国立史料館、現在の国文学研究資料館）が設立され、また学術会議の「公文書散逸防止にむけて」（勧告）が国立公文書館の設立につながったことを知っている。そして、現在に至るまで、学術会議が、毎年さまざま提言・報告を出すことにより、学術の基盤を整備するために尽力してきたことを知っている。歴史資料・文化財の保全や公文書管理は、現在まさに急務となっており、その充実に学術会議が果たすべき役割はきわめて大きく、政府や社会へのさらなる働きかけを期待するものである。

以上、わが国の歴史学系学会の連合組織である日本歴史学協会は、「思想と良心の自由、学問の自由及び言論の自由」がないがしろにされ侵害されている現状を深く憂い、賛同する学会と共同で本声明を出すことにした。今回任命拒否された六名の研究者をただちに会員に任命するよう強く求めるものである。

（二〇二〇年一〇月一八日）

日本歴史学協会／秋田近代史研究会／岩手史学会／大阪大学西洋史学会／大阪歴史科学協議会／大阪歴史学会／関東近世史研究会／九州西洋史学会／京都民科歴史部会／高大連携歴史教育研究会／交通史学会／ジェンダー史学会理事会／史学研究会／首都圏形成史研究会／上智大学史学会／駿台史学会／西洋史研究会／戦国史研究会／専修大学歴史学会／総合女性史学会／地域女性史研究会／千葉歴史学会／地方史研究協議会／中央史学会／朝鮮史研究会／東京学芸大学史学会／東京歴史科学研究会／東北史学会／東洋史研究会／内陸アジア史学会／奈良歴史研究会／日本古文書学会／日本史研究会／日本史攷究会／日本風俗史学会／白山史学会／東アジア近代史学会／文化史学会／別府大学史学研究会／法政大学史学会／立教大学史学会／歴史科学協議会／歴史学研究会／歴史教育者協議会／歴史人類学会／早稲田大学東洋史懇話会

（二〇二〇年一二月二日現在）

第二五期日本学術会議新規会員任命拒否に対する緊急声明

日本文化人類学会理事会

日本学術会議が第二五期日本学術会議会員として推薦した一〇五名の会員候補のうち、六名について内閣総理大臣が任命せず、一〇月七日現在、その具体的な理由を明らかにしていない。

日本文化人類学会はこれまで、会員個々の活動を通して、多様な人びとの生き方に寄り添い、人類文化の多様性を明らかにしてきた。この知見は、多文化共生社会の実現に向けた日本学術会議の提言等に活かされてきている。

今回の任命拒否は、多様な学術的立場を前提として政府に提言を行ってきた日本学術会議の存在意義を脅かすものである。このことは、学問の自由、ひいては右記*のような会員の活動の先にある多様性を許容する社会の実現を阻害することになりかねない。このような観点から、本学会理事会は、政府に対し、任命拒否の具体的な理由の開示、および六名の会員への任命を求める。

（二〇二〇年一〇七日）

*原本では「上記」。

第二五期日本学術会議新規会員任命拒否に対する声明

日本社会学会理事会

第二五期日本学術会議新規会員任命に際し、日本学術会議が推薦した一〇五名の会員候補者のうち六名を内閣総理大臣は任命せず、その理由を明らかにしていない。このような決定は研究者の自由闊達な研究活動を委縮させるものであり、ひいては研究に基づいたイノベーションを阻害するものである。

日本社会学会は、内閣総理大臣による任命拒否とその理由開示拒否という異例の決定が学問の自由を侵すものであると考え、六名の会員候補者の任命拒否理由のすみやかな開示、そして六名の会員への任命を求める。

（二〇二〇年一〇月五日）

「日本学術会議の新会員推薦六名の内閣総理大臣による否認」に関する会長声明文

日本社会福祉学会会長　木原活信

既に報道にありますように、日本学術会議の新会員推薦者のうち六名の方々が内閣総理大臣によって任命が否認されました。

日本学術会議は、二〇〇四年に改正された日本学術会議法によって学術会議内部の選考委員会で会員を決定し、内閣府に推薦して内閣総理大臣が任命することになっています。一〇月一日が任命式でしたが、突然の任命拒否ということは報道された通りです。

そもそも日本学術会議は政府に学術の立場から政策提言を行う独立した組織として活動してきました。そして、「科学者全体の総意」にもとづく組織としての性格を担っています。

今回の内閣総理大臣による推薦者の「否認」は、科学者の総意にもとづく組織の会員を政治が否認するという前代未聞のことであり、学問の自由を否定することになります。

日本社会福祉学会としては、このような事態を憂慮します。そして梶田隆章日本学術会議会長が表明されている「任命されていない方を任命していただくことを要望する」ことに賛同し、それを支持したいと思います。また梶田会長が要望されておられるとおり、法律に基づいて拒否されるのならその説明責任は政府の側にあり、その説明を強く求めます。

（二〇二〇年一〇月五日）

内閣総理大臣 菅 義偉 様

公益社団法人日本心理学会理事長　坂上貴之

日本学術会議「第二五期新規会員任命に関する要望書」（二〇二〇年一〇月二日）についてのお願い

先般、菅内閣総理大臣は、日本学術会議が新会員に推薦した一〇五名のうち、人文・社会系の六名を任命せず、またその理由も明らかにしなかったという報道がなされました。また、それに対して、日本学術会議より「第二五期新規会員任命に関する要望書」（二〇二〇年一〇月二日）が菅内閣総理大臣宛に出され、その中で任命されない理由の明示と速やかな任命の二点が求められている旨、伺いました。

公益社団法人日本心理学会は、早くから学術会議の協力学術研究団体として参加するとともに、本学会の会員も学術会議会員ならびに連携会員を務めてきたことから、今回の事態に対して、深い憂慮の念を抱いております。

本学会としては、右記、*日本学術会議からの要望書を支持するとともに、その要望の速やかな履行をここにお願いする次第です。

なお、本学会は、以下に示された、「日本学術会議発足にあたって科学者としての決意表明（一九四九年一月二二日）」を掲げることで、このお願いの根拠となっている、基本的な精神を日本学術会議と共有したいと考えます。よろしくお取り計らいくださいますようお願い申し上げます。

「（前略）そしてこの機会に、われわれは、これまでわが国の科学者がとりきたった態度について強く反省し、今後は、科学が文化国家ないし平和国家の基礎であるという確信の下に、わが国の平和的復興と人類の福祉増進のために貢献せんことを誓うものである。そもそも本会議は、わが国の科学者の内外に対する代表機関として、科学の向上発達を図り、行政、産業及び国民生活に科学を反映浸透させることを目的とするものであって、学問の全面にわたりそのになう責務はまことに重大である。されば、われわれは、日本国憲法の保障する思想と良心の自由、学問の自由、及び言論の自由を確保するとともに、科学者の総意の下に、人類の平和のためあまねく世界の学界と提携して、学術の進歩に寄与するよう万全の努力を傾注すべきことを期する。（後略）」（「日本学術会議発足にあたって科学者としての決意表明」より抜粋）

（二〇二〇年一〇月七日）

*原本では「上記」。

日本学術会議第二五期新規会員任命に関する緊急声明

一般社団法人日本教育学会

菅義偉内閣総理大臣は、日本学術会議が第二五期新規会員候補として推薦した六名を任命しませんでした。また、その理由については、一〇月五日の内閣記者会でのインタビューで、「総合的、俯瞰的な活動を確保する観点から、今回の任命についても判断した」と述べていますが、「個別の人事に関することについてコメントは控えたい」と述べるなど、任命見送りになった経緯および理由を十分説明していません。これは、日本学術会議法に定められた同会議の独立性を脅かすものであり、ひいては日本国憲法の保障する「学問の自由」を侵害する重大な事態です。教育学の進歩普及を図り、もって、わが国の学術の発展に寄与することを目的とする本学会は、このことを深く憂慮します。

以上により、日本教育学会は、内閣総理大臣に対して以下のことを強く要望いたします。

1. 日本学術会議が去る八月三一日付で推薦した会員候補者のうち、任命されていない六名の方について、任命見送りになった経緯および理由を十分に明らかにすること。

2. 上記六名の方の任命見送りを撤回して、すみやかに任命すること。

（二〇二〇年一〇月七日）

法と心理学会理事会

内閣総理大臣　菅 義偉 殿

このたび、日本学術会議が一〇月一日からの新規会員として推薦した候補者一〇五名のうち、六名が除外されて任命されました。このことにつき、左記*の対応を求めます。

1　除外の理由をお示しいただくこと

2　日本学術会議が推薦した六名を、日本学術会議会員として任命すること

学術の発展や貢献は、自由な学術研究、学術交流により達成できるものと信じております。このことが政治の力により少しでも阻まれることがあれば、学術研究は権力のあるものにおもねる歪んだものとなってしまいます。

右記*1、2につき速やかにご対応下さい。

本学会理事会は、日本学術会議が提出した「第二五期新規会員任命に関する要望書」(二〇二〇年一〇月三日付)にも強く賛同するところです。

以上

(二〇二〇年一〇月五日)

*原本では「下記」。

日本学術会議会員任命拒否に関わる法と心理学会声明

法と心理学会理事会本学会理事会は、この度の日本学術会議会員任命拒否問題に関して、一〇月五日に以下の点について対応を求める質問状を内閣総理大臣に送付いたしました。

1　除外の理由をお示しいただくこと
2　日本学術会議が推薦した六名を、日本学術会議会員として任命すること

これに対して一〇月一二日までに回答をいただけるよう要望しておりましたが、一〇月二八日時点でも本学会に対して回答が届いておりません。

菅首相は「総合的・俯瞰的観点から任命をおこなわなかった」、「学術会議会員の構成に偏りがある」と説明しておられます。しかし、六名の候補者が何故任命されなかったかについての理由は、明らかではありません。

任命除外の理由が明らかでない現状では、一定の意見や見解を表明すると、政府によって不利益に扱われることに繋がるのではないかという不安や懸念も生じます。このような状況は、会員各自の研究を踏まえた多様な意見を発表し自由闊達に議論する場を提供して学問の発展を促進しようとする学術団体にとり、大変憂慮すべきものでございます。

日本学術会議が一〇月二日に提出した「第二五期新規会員任命に関する要望書」を踏まえた、速やかな対応がなされることを希望いたします。

（二〇二〇年一一月四日）

日本学術会議会員候補の任命拒否に対する声明

日本経営学会理事会

第二五期日本学術会議新規会員の任命に際し、内閣総理大臣は日本学術会議の推薦する一〇五名の候補者のうち六名を任命せず、その理由を明らかにしていない。こうした決定は、学術研究者の自由闊達な研究活動を委縮させるものである。

日本経営学会は、内閣総理大臣による任命拒否とその理由の開示拒否が、日本国憲法で保障された学問の自由を著しく侵害する危惧を有するものと考え、六名の会員候補者の任命拒否の理由の速やかな開示および当該候補者への任命を求めるものである。

（二〇二〇年一〇月一四日）

任命拒否がなぜ許せないのか

野家啓一
（日本哲学系諸学会連合委員長）

1　今回の問題をどう見るか

二〇二〇年一〇月一日、日本学術会議（以下、学術会議）から推薦された第二五期新規会員一〇五名の候補者のうち、六名が菅義偉首相によって任命を拒否された。これは政府と学術会議との間に長年にわたって築かれてきた信頼関係を根底から覆すものであり、学術会議が提出した推薦名簿に基づいて首相が形式的に任命する、という歴代の内閣によって守られてきた暗黙の紳士協定を一方的に破棄するものにほかならない。

学術会議は「日本学術会議法」によって設置が定められた公的組織であり、その前文には「科学が文化国家の基礎であるという確信に立つて、科学者の総意の下に、わが国の平和的復興、人類社会の福祉に貢献し、世界の学界と提携して学術の進歩に寄与することを使命」とする、と書かれている。すなわち学術会議は内閣府の下にあるとはいえ、世界の学界と提携しつつ学術を通じて人類社会への貢献を目的とした組織なのである。そのことから、第三条では「日本学術会議は、独立して左の職務を行う」として、政府からの独立性が担保されている。まず国際性と独立性というこの二点を確認しておきたい。

学術会議は三つの部、すなわち第一部（人文社会科学）、第二部（生命科学）、第三部（理工学）から構成されており、会員は研究分野に応じていずれかの部に所属する。注目すべきは、このたび任命を拒否された六名はすべて第一部に所属する人文社会系の候補者、具体的には宗教学、歴史学、法学、政治学などの研究者だということである。しかも、これらの研究者はいずれも各分野を代表する優れた業績の持ち主であり、学問的観点から見る限り、彼／彼女らが拒否される理由はまったく見当たらない（一名の女性研究者は、菅首相ですら名前を知っていたほどの高名な方である）。今回の件は、明らかに人文社会系の研究者だけを狙い撃ちにした形であり、学問的評価以外の何らかの政治的意図が働いたのではないかと推測せざるをえない。

加えて、任命拒否の理由はいっさい明かされていない。国会審議における首相答弁においても、「総合的・俯瞰的」や「多様性」など曖昧な言葉が繰り返されるのみで、あとは「人事に関することなのでお答えできない」の一点張りである。民主主義社会においては、公的措置によって不利益を被った者に対しては、その理由を説明しなければならない。それが為政者の応答責任（responsibility）というものである。納得できる説明責任（accountability）

が果たされなければ、それは恣意的な権力の濫用にすぎない。一国のリーダーが応答責任を自覚せず、説明責任を放棄すれば、社会は責任ある言葉を失い、民主主義の基盤は液状化現象を起こしてしまう。われわれは今、そのとば口に立っているのである。

そもそも人文社会系の学問の生命線は公明正大な「批判的議論」、すなわち事実と根拠に基づいた吟味と検討である。異論を含めて多様な意見を自由に闘わせる環境においてこそ、学問一般は発展する。ところが、今回の任命拒否という事態は、学問の基盤である批判的議論を封じ込め、政府の意向に沿った「同調圧力」を強化し、いわゆる「忖度《そんたく》文化」なるものを官界のみならず、学界にまで持ち込もうとする暴挙であり、学問に携わる者としてとうてい看過できるものではない。

その影響は研究現場のみならず、教育現場にまで及び始めている。とりわけ若手研究者や大学院生は、研究テーマや指導教員の選択に当たって様々な配慮をせざるをえないであろうし、署名活動や各種集会への社会参加には慎重にならざるをえない。こうした「萎縮効果」や「自主規制」が地方自治体や民間会社にまで及べば、学生の就職にまで影響しかねないのである。

もちろん今回の事態は、戦前の滝川事件や天皇機関説事件のように、国家が直接に研究内容に干渉したものではない。それゆえ現時点で「学問の自由」を振り回すのは過剰反応との見方もあろう。しかし、露骨な干渉や介入が始まった時点では、時すでに遅いのである。ソフトに「自発的隷従」を促すような一連の動きが垣間見られたとき、それに対処するには大げさではあっても「予防原則」を適用する以外にはない。

それゆえ、これを逸早《いちはや》く「言論・表現の自由」への侵害と捉え、一〇月五日に抗議声明を出した是枝裕和監督をはじめとする映画人の危機意識は、さすがに鋭敏というべきであろう。実際、「あいちトリエンナーレ二〇一九」では企画展「表現の不自由展・その後」が一時中止に追い込まれ、文化庁が補助金不交付を決定した（のちに一部減額して支給）ことは記憶に新しい。他人事として座視しているうちに、これがやがて国立大学の学長任命や科学研究費（科研費）の交付にまで及ばないという保証はどこにもない（事実、「反日的」な研究には科研費を出すなという与党議員すら存在する）。言論・表現の自由や学問・思想の自由によって支えられた健全な批判精神が磨滅すれば、それは政策の方向を誤らせ、一国の存立を危うくするのである。

2　人文社会系諸学会と日本学術会議

前述のように、学術会議の会員は三分の二が理系（第二部、第三部）、三分の一が文系（第一部）である。そのうち第一部の構成員は人文社会系諸学会といわば車の両輪のような関係にある。諸学会が専門家集団として研究機能を担っているとすれば、学術会議は主に科学と社会をつなぐ媒介・発信機能を担当してきた。日本学術会議法第二条に「日本学術会議は、わが国の科学者の内外に対する代表機関として、科学の向上発達を図り、行政、産業及び国民生活に科学を反映浸透させることを目的とする」とある通りである。いわば両者は表裏一体の関係にあり、それゆえ今回の任命拒否という事態は、片方の車輪を壊し、人文社会科学分野の社会発信機能を著しく毀損する行為と言わねばならない。

学術会議第一部の会員・連携会員は、一方で人文社会系諸学会のメンバーとして中心的な役割を果しながら、他方で学術会議では分野別委員会や課題別委員会に属し、社会的要請の高い喫緊の課題について審議してきた。とくに課題別委員会では、生命科学系や理工学系の自然科学者とも協力・連携しながら審議活動を進めている。たとえば「高レベル放射性廃棄物の処分に関する政策提言」（二〇一五年）や「ゲノム編集技術のヒト胚等への臨床応用に対する法規制」（二〇二〇年）は、社会に大きなインパクトを与えた提言であった。それゆえ、今回の人文社会系の会員任命拒否は、文理連携の審議体制を大きくゆがめて片肺飛行の状態にし、「総合的・俯瞰的」な観点を大きく損なうものにほかならない。

任命拒否問題が起こってから、政府・与党筋からは「学術会議はここ数年一度も答申を出していない」といったフェイクニュースが流されている。しかし、政府から諮問がなければを答申を出しようがないのが道理である。それに反して、第二四期（二〇一七〜二〇二〇年）の三年間に、学術会議は八五の「提言」、二三の「報告」、二一の「記録」を発出している。二〇二〇年度の主な「提言」だけでも以下の通りである。

・ゲノム編集技術の法規制（二〇二〇年三月）
・高校国語教育の改善（二〇二〇年六月）
・ロボットＡＩの理解と人材育成（二〇二〇七月）
・大学入試における英語試験の在り方（二〇二〇年八月）
・発達障害の支援（二〇二〇年八月）
・認知症との「共生」と「予防」（二〇二〇年九月）
・性的マイノリティの権利保障（二〇二〇年九月）

以上いずれをとっても、理系と文系の協働が必要なテーマであり、人文社会系の知的寄与が半端ではないことがわかるはずである。残念ながらＰＲ不足は否めないが、発出された「提言」や「報告」はすべて学術会議のホームページ上で公開されているので、ぜひ閲覧をお願いしたい。

もう一つ、学術会議の会員及び連携会員の選出方法に関して、不透明であるとの疑念が生じていることについて、説明しておきたい。現行の選出手続きはco-optationと呼ばれ、海外のほとんどのアカデミーで採用されている国際標準の方式である。現役の会員が連携会員や学協会からの推薦に基づいて次期の会員を選出する手続きだが、選考過程では分野別委員会、部会、幹事会と複数のスクリーニングが行なわれるので、そこに恣意の入る余地はない。逆に、女性会員、若手会員、地方会員、実務家会員の数が規定を満たしていない場合には、上位の委員会から再選考が指示される。それによって多様性が確保されているのである。

この方式は、もともと学術業績審査における「ピア・レビュー（同僚評価）」という、国際学術雑誌で査読の際に行われている国際標準の原則に基づいている。つまり、学問的業績の評価は同じ分野の実績のある専門研究者が行なう、という原則である。これはもともと学問領域の評価から宗教の影響力や政治の圧力を排除しようという企図に発している。たとえばノーベル賞の選考にスウェーデン政府が干渉しようとしたら、言うまでもなく大変な国際問題になるはずである。

日本学術会議法第七条第二項には「会員は、第十七条の規定による推薦に基づいて、内閣総理大臣が任命する」とある。第十七条の規定とは「日本学術会議は、規則で定めるところにより、優れた研究又は業績がある科学者のうちから会員の候補者を選考し、内閣府令で定めるところにより、内閣総理大臣に推薦するものとする」というものである。つまり、会員推薦の要件は「優れた研究又は業績がある科学者」のみであり、他の条件はいっさい付けられていない。科学者に「優れた研究又は業績」があるかないかを公正に判定できるのは、同じ専門分野の専門研究者だけである。これが「ピア・レビュー」の原則にほかならない。それゆえ、これまでのどの内閣もこの領域に介入しようとは考えてこなかった。第七条第二項の規定が一種の紳士協定として遵守されてきたゆえんである。ところが、今回の任命拒否は、こうした科学と政治とが棲み分ける暗黙の「慣行」を公然と踏みにじるものであり、とうてい黙過することはできない。

ここに改めて、学術会議が推薦した会員候補者が任命されなかった理由を開示するとともに、いまだ任命されていない六名の方々の速やかな任命を政府に強く求めたい。

付記：本稿は二〇二〇年一一月六日に日本記者クラブで行われた「人文社会系学協会連合連絡会」の共同記者会見で公表された見解をもとに、大幅に書き加えたものである。したがって、加筆部分に筆者個人の見解が含まれていることをお断りしておきたい。

野家啓一（ノエ・ケイイチ）

一九四九年生まれ。東北大学名誉教授、立命館大学客員教授、河合文化教育研究所主任研究員。専門は哲学・科学基礎論。日本哲学系諸学会連合委員長、日本哲学会元会長、日本学術会議第二〇〜二二期会員（元哲学委員会委員長、現連携会員）。科学哲学の研究で第二〇回山崎賞受賞。『はざまの哲学』（青土社）で第四回西川徹郎記念文学館賞受賞。主著に『言語行為の現象学』『無根拠からの出発』（以上、勁草書房）、『科学の解釈学』（講談社学術文庫）、『物語の哲学』『歴史を哲学する』（以上、岩波現代文庫）、『科学哲学への招待』（ちくま学芸文庫）など多数。

説明をしないことが民主主義を破壊する

藤谷道夫
（イタリア学会会長）

今回の任命拒否には安倍政権から菅政権に見られる自民党政権の驕《おご》りが集約されている。民主主義とはギリシャ語で《デーモス（民衆）》が《クラトス（権力）》を有する政体を意味する。すなわち、国民が《主《あるじ》》であり、政治家は《僕《しもべ》》に過ぎない。そもそもministerとは《僕（より小さき者）》を意味するラテン語に由来する。それを、《大臣》と誤訳してしまったことで、日本の政治家は自分たちを選ばれし為政者（偉い人）と錯覚している。

それが顕著に表われているのが、近年繰り返される、一連の「答えは控えさせていただく」発言である。国家の税金を使って国民に雇われている政治家が、雇用主である国民に対して説明責任を果たさないことは、上司に説明を求められた部下が「説明は控えさせていただきます」「仮定の質問には答えられません」と言っているのと同じである。

民主主義は「説明をすること」「情報を開示すること」を前提にして初めて成り立つシステムであるのに、「説明しない」「情報を開示しない」ことは民主主義に対する挑戦にほかならない。各種学術団体が危惧しているのは戦前のファシズムへの回帰である。

暴力というのは何も軍隊や警察の武力だけではない。説明しないことも国民に対する暴力の一種にほかならない。雇用主である国民に説明を拒否する権利は、国民の税金で雇われている国会議員には存在しない。仮定の疑問、将来想定される様々な疑問に答えることこそが政治家の責務であるのに、それを逃げ口上にしている現代の風潮は国民主権を否定するものである。

現代によみがえる神官政治

また、安倍政権以来続く、説明しない態度（隠蔽・偽造・捏造・廃棄）は、法の存在意義を根底から覆す。そもそもなぜ法律が生まれたかと言えば、市民に説明責任を果たすためである。古代ローマにもかつては「法」がなかった。神官が恣意的に掟《おきて》を使い分けていた。このため、平民には明確な基準が判らず、抗議もできないでいた。知っているのは神官しかいない。

これは今の日本と同じである。今回、六人の学者が任命を拒否されたが、菅義偉首相は「説明できることとできないことがある」と言って、その理由を明かそうとしない。知っているのは菅首相（と杉田和博・官房副長官）だけである。「神のお告げ」として判断を下していた古代の神官たちは、判断基準を見せず、ブラックボックス化すれば、権力が生じることをよく知っていた。

今や菅首相も神のお告げとして任命を拒否している。拒否された理由が解らないため、日本学術会議（以下、学術会議）側も今度は何を基準にして会員を推薦して良いのかも判らない。その基準は神（菅首相）のみぞ知る、だからである。古代ローマでは神官の権力乱用を制御するため、掟を成文法として明文化するよう要求して、「十二表法」という初めての法律が前四五〇年に成立した。それまで神官の胸先三寸で物事は判定されていたが、法の成文化で神官の権力は消失した。このように法とはブラックボックス化を阻止し、闇をなくすためのものなのに、再び古代の神官政治に戻っている。

専門家＝医師、政治家＝患者

そもそも学術会議は国家の知恵袋として存在する。政治家は個々の専門領域に精通していないため、専門領域で最も優れた業績を挙げている者が選ばれ、彼らが国家の諮問を受けて答申を行なう。学術会議が推薦した六名の任命を拒否したということは、菅首相は自分の方が業績・見識・人格とも、この六名よりも高いとみなしていることになる。

国家が専門家の知恵を拝借させてもらう以上、報酬を払うのは当たり前である。つまり、国家と専門家の関係は、患者と医者の関係に当たる。患者がより善き診療を求めて、医者に診療報酬を払うのと同じである。医者は患者を診断し、処方箋を書き、時に患者の耳に痛いことを言うように、専門家が政権を批判することは重要な役目とみなされる。甘いことばかり言う医者は患者を殺してしまう。医学知識のない患者が医者を選別し、希望通りの診断書を出さないと言って、注文を付ける以上に愚かなことはない。

イタリアではあくまで専門家が上で、国家は下に置かれる。国家は助言を乞う立場だからである。しかし、日本では逆で、患者の方が威張っている（ここには学問や学者に対するリスペクトの違いが根底にある）。菅首相は「治療費を払っているんだから、自分の言う通りに治療しろ、自分の言う通りの診断書を書かない医者は罷免する」と脅す患者と何ら変わらない。ここがイタリアのみならず、世界の常識から外れている点である。

各種学術団体が危機感を募らせているのは、安倍政権から続く法治主義の破壊である。法律に書いていないことを自己都合で勝手に行なう。今回、学術会議法第一一条で「科学の分野において優れた研究または業績がある会員をもって組織する」と定められているのに、首相は規定にない「多様性」とか「大学間のバランスを取って」選考したと言っている。法律に書かれていない規定を付け加え、首相自らが法を破壊し、脱法行為を行なっている。首相には会議の人的構成を決める権限はないのである。

法の恣意的な使用は、菅首相の答弁にも如実に表れている。「必ずしも推薦通りに任命しなければならないわけではないというのが、内閣法制局の了解を得た政府の一貫した考えだ」と主張する一方で、「憲法九条の下では海外派兵は禁じられているという歴代自民党政権の一貫した見解を守っていた法制局の長官を更迭して、強引に解釈変更を行なわせた安倍政権の官房長官」こそが菅首相である。「憲法二三条（学問の自由）の下で学術会議は、一般職の公務員とは別建ての特別法で人事の自律性が保障されているというのが、政府の一貫した立場である」[1]（小林節・慶應義塾大学名誉教授）にもかかわらず、その一貫した立場を無にしているのが菅首相本人である。

ローマ法の意義は「本音」と「建て前」といった二重基準を一元化する点にある。こうしてローマの法は闇を光で照らしていった。今まで二重基準で光が当たらなかった部分に法によって光を当てて闇を排除していった。カエサルが前五九年に執政官に選ばれた時、最初に行なったのが情報公開であり、闇（ブラックボックス）の駆逐である。一方、安倍政権の「特定秘密保護法」以来、自民党政権はせっせと闇の拡大に努めてきた。

悪は闇を好む。闇は悪の住処《すみか》であり、決して光の中に出てこようとはしない。今回も菅首相は闇で覆い尽くそうとしている（そもそも自分を批判する者を封殺しようとするのは度量ある人間のすることではない。[2] カエサルを見れば判るように、彼は部下たちに自分を好きなように批判・罵倒させた。それを聞いて、一番笑っていたのはカエサル自身である。だからこそ、部下たちは将軍カエサルのために命を惜しまず、戦った。この人間の機微が狭量な菅首相や自民党の政治家には解っていない）。

批判精神の涵養こそ日本人に必要

日本では「批判」は「悪口」と同義とされるが、critique とは「物事の真贋を見極める」という意味であり、批判なしにはいかなる弁証法的進歩も生じない。学問の自由がなぜ何にもまして重要なのかと言えば、イエスマンしかいない国は（戦時中がそうであったように）早晩滅びていく運命にあるからである。[3]

税金を投入する以上、「時の権力（自民党）」に従うべきだというのは、大いなる錯誤以外の何ものでもない。国＝時の政権ではない。税金は「時の権力」の持ち物ではない。選挙で選ばれたら、税金は自分たちの好き勝手に使うことができるというのは勘違いの中でも最も甚だしい勘違いである。税金は国民全員のために使われるものであり、「時の権力」の財布ではない。

選挙は独裁を生み出すシステムではない。選挙で選ばれたら、何をやっても良い、何事においても国民は自分たちに従うべきだと考えることは、独裁以外の何ものでもない。選挙で選ばれたということは、議場への許可が許されたというだけであり、議場で議論を交わす許可が与えられたに過ぎない。

日本では明治以来、大学は国家の富国強兵に資する人材育成のために作られたが、イタリアでは大学は真理の追求のために、教師と学生の協同組合として成立した。学問の精神を最も端的に表わしているのがニコラ・ド・コンドルセ（一七四三―一九四）の次の言葉である。

教育の目的とは、現制度の賛美者を作ることではなく、制度を批判し、改善する能力を養うことである。

しかるに、自民党政権は《現政権の賛美者を作ることを教育と学問の目的》とし、民主主義を支える《市民》の育成ではなく、《臣民》の育成を行っている。自民党の議員は学問や教育の意味も民主主義や法の意味も解っていない。これこそがこの任命拒否の根幹にある最大の問題なのである。その結果、法が破壊され、民主主義が骨抜きにされることで、潜航型のファシズムが深く静かに広がりを見せている。

かつてムッソリーニは物理的な暴力を用いてファシズムを生み出したが、自民党政権は静かな暴力（説明なしに法を曲げる）によって新しいステルス型のファシズムを生み出している。誰も声を上げなければ、静かなファシズムが、スキルス癌《がん》のように日本という身体に浸潤し、滅ぼしてしまう。

1 「ここがおかしい　小林節が斬る！」（「日刊ゲンダイ」二〇二〇年一二月一八日付）。「既得権益、悪しき先例主義をいうなら、世襲議員、政党助成金、記者クラブ等、目の前に真性の悪しき既得権益があるではないか」

2 カリスマ性（人間的魅力）のない政治家は、人事で部下を従わせようとする。人心を掌握する力を欠いているため、人事を使った権力で人を従わせるのである。

3 「（ワンマン社長の）私が（自分勝手に）大きな決断を下しましたが、その結果は誤りでした。社内で十分な議論もなく、反論もありませんでした。だから、それからは《反論を育てる》ことに注力するようになったのです。」（米ネットフリックス創業者・共同最高経営責任者のリード・ヘイスティングス。『朝日新聞』二〇二〇年一一月一七日付から引用）。議論も反論も許さない会社や国家は早晩滅びる。

藤谷道夫（フジタニ・ミチオ）

一九五八年生まれ。慶應義塾大学文学部教授。イタリア学会会長。専門は西洋古典学、中世イタリア文学（ダンテ）。著書に『ダンテ『神曲』における数的構成』（慶應義塾大学出版会）、『ダンテ『神曲』を読み解く』（教育評論社）、*Shinkyoku*, il canto divino. Leggere Dante in Oriente（Editrice Università degli Studi di Trento）。

「頼むから」抗議声明について

品田悦《よし》一《かず》
（上代文学会代表理事）

1　抗議声明発表までの経緯とその反響

菅義偉首相の日本学術会議会員任命拒否が報道された一〇月一日以来、人文学系学会の代表理事として成り行きを注視していた。七日までに七九の学会・団体が撤回を求める声明を発したとの報道に接し、わが上代文学会も声を挙げるべきだろうと思った。全会員の総意を確認するのは無理だから、常任理事会名で抗議声明を発するのがよかろう。で、九日に全常任理事宛にEメールを一斉送信し、私の準備した声明文素案を示して、意見を募った。

かねて日本文学関連学会連絡協議会で交流してきた範囲でも、すでに日本近代文学会理事会・昭和文学会常任幹事会・日本社会文学会理事会・日本文学協会が共同声明を発していた。わが学会はいくらか出遅れた格好だから、声明の文面で遅れを挽回したい。それには、学会のフィールドである「上代」（七〜八世紀の日本）と、研究対象である「文学」（言語による文化的営為）、この双方にわたって特色を打ち出そう――こう発想し、それぞれを文案の第二段と第三段に割り振ったのだった。

一斉送信に対し、声明発表に賛成する応答が次々に返ってきて、文案に対する修正意見もいくつか寄せられた。これらを極力容れて練り直し、完成した声明文を一二日の朝に学会公式サイトのホームに掲げると、まもなくSNS上で評判を集めていった。

あの声明文は私が起草したのだが、独力で書いていたらあそこまでの完成度は望めなかったろう。文責は私にあるものの、決して私一人の文章ではない。だから、『朝日新聞』からイタリア学会会長・藤谷道夫氏との紙上対談の企画が持ち込まれたときには、紙上の発言は個人の見解と断わることを条件に常任理事一同の了承を取りつけた。今回の寄稿に際しても同じ手続きを踏んだことを明記しておく。

2　ファシズム前夜との暗合

日本学術会議（以下、学術会議）問題をめぐる昨今の情勢には、かつて政府が露骨な言論操作によって戦時体制を着々構築していった昭和初期の状況を思わせるものがある。その発端は一九三一年、満州事変のころに求められるだろう。この年、文部省の外郭団体「国民精神文化研究所」が設立され、「国体」やら「日本精神」やらを発揚する活動がここを拠点に推進されていく。全国の教員・学生に対する思想統制も強化されていった。

一九三三年には、京都帝大法学部教授・滝川幸辰《ゆきとき》の刑法学説を危険視した文部大臣・鳩山一郎が大学に圧力をかけ、これに反発した法学部教授が全員辞表を提出して抵抗、学生たちも連日集会を開くなどして抗議運動が盛り上がる。今般の学術会議問題で多くの学術団体から抗議の声が挙がったこと、また最近の東大や筑波大の学長選挙に見られた不透明な動きを思い合わせるとき、私には、目下の状況がこの滝川事件当時と二重写しに見える。政権が学問にあからさまに干渉し、学者たちが敢然抵抗している構図は、酷似するとさえ評せるだろう。そしてそれだけに、先行きを危惧せずにはいられない。

滝川事件のとき抗議した教授たちは、やがて切り崩しに遭い、一人また一人と辞表を撤回して、抵抗は結局尻つぼみに終わってしまった。抗っても無駄だとの無力感が蔓延したのだろう、二年後に美濃部達吉の天皇機関説が弾圧されたときには、お膝元の東大法学部からも、他の大学からも反対の声はほとんど挙がらなかった。たった二年でこれだけ状況が悪化した。そして「国体明徴」のかけ声のもと、国民精神文化研究所にも出入りしていた御用学者たちが動員されて、『国体の本義』などの国策宣伝パンフレットが作成され、全国の学校教師や中学生に配布される。時に一九三七年。同書には、歴代の詔勅とともに、わが学会の研究対象でもある記紀・万葉からの引用がちりばめられていた。

パンフレットなど配布してもろくな効果はなかったはずだ、などと高を括ってはいけない。『国体の本義』は旧制高校など上級学校の入学試験に出題されたため、これを当て込んだ受験参考書が何種も出回った。ボリュームは様々だが、たいていは本文が適宜区切って掲げてあり、それぞれに要約と語釈を付し、予想問題とその解答例を示している。付録には書き取りの問題まである。進学志望の当時の中学生たちはこれらを必死に勉強し、自身の脳髄を軍国日本のイデオロギーで染め上げていったのである。

滝川事件における学者側の敗北を機に、日本はまたたくまにファシズムへと滑り落ちていった。今般の抗議声明では津田左右吉の受難に触れたが、津田の著作が発禁処分を受けた一九四〇年には、もう一切が手遅れになっていた。この点に沿って言えば、本書の企画説明の第二点「人文系の多くの学会が任命拒否に声明で抗ったという事実を後生[世]に残すこと」はまったく手ぬるいと思う。今、一歩でも引いたらファシズムが待ち受けている。抵抗の事実をまともに評価できるような「後世」などないものと思わなくてはならない。

3 今こそ求められる人文知

菅首相は今般の任命拒否について、学問の自由侵害には当たらないとの答弁を繰り返している。なるほど学術会議の会員になれなくても、その人の研究自体が制約を受けることはない。だが、学問は公共の営みであって、個人の趣味とはわけが違う。誰にも邪魔されずに研究に従事できればそれで自由だ、ということにはならない。研究の成果を世の中に発信していく義務が学者にはある。そうすることで社会の文化的水準を引き上げ、世の中を活発にする。社会の側から言えば、学者でない人々にも学問の成果を受け取る権利がある。特定の分野の研究者を学術会議から排除すれば、当然ながら、この発信と受信の回路に障害が発生する。任命拒否は、拒否された六名だけでなく、日本の社会全体に対し、学問の自由を公然侵害する暴挙だと言わなくてはならない。

わが学会の抗議声明は、この国の指導者たちの日本語破壊を指摘した点でも話題を集めた。じっさい菅首相の発言は没論理の極みだが、そのことと、人文学の研究者を平気で切り捨てる態度とは表裏する関係にあるのではないか。というのも、人文学の営みとは相互批判の実践にほかならないからだ。

人文学の問いには一義的な答えがない。研究者が一〇人いれば、一〇通りの考えがありえる。上代文学で言えば、記紀・万葉その他の少数の書物、多くは断片的記述からなる文《もん》書《じょ》類や出土資料、こうしたごく限られた材料を突き合わせ、行間を推測で埋めて、可能なかぎり合理的な考えを提出する。おのおのの考えを相互に批判しあい、共通の理解を練り上げていく。ある時点で共通理解になっていた考えを後に批判する人が現れて、さらに高次の共通理解を構築するというふうにして、物事が進む。遅々たる歩みであり、効率が悪いともいえる反面、異質な考えがぶつかり合うダイナミックな営みでもあって、この営為に参与するには批判的思考やラディカルな発想が要求される。同時にまた、他者から向けられた批判を受け止め、自身の考えを見直せるだけの柔軟性も求められる。

人文学が役に立たないから弾圧しろというのは本末転倒であって、社会の情報化が進めば進むほど、パソコンでは処理できないような問題に取り組み、相互批判を通してよりよい理解に到達する力が求められるのだ。人文知こそがその力を提供する。

周囲をイエスマンで固め、異論を権柄《けんぺい》ずくで排除し、あくまで横車を押し通す指導者は、相互批判によって知の高みをめざすことを知らない愚か者であり、したがってまた、民主主義からも最も遠い存在である。一言で言おう。菅義偉はファシストである。

【参考文献】
伊藤孝夫『瀧川幸辰 汝の道を歩め』(ミネルヴァ日本評伝選)
立花隆『天皇と東大』(上・下、文春文庫)
宮沢俊義『天皇機関説事件 資料は語る』(上・下、有斐閣)

品田悦一（シナダ・ヨシカズ）

一九五九年生まれ。東京大学大学院総合文化研究科教授。東京大学大学院人文科学研究科博士課程修了後、聖心女子大学教授などを経て現職。上代文学会代表理事（二〇一九年四月～二〇二一年三月）。著書に『万葉集の発明』（新曜社）、『斎藤茂吉』（ミネルヴァ評伝選）、『斎藤茂吉　異形の短歌』（新潮選書）、『万葉ポピュリズムを斬る』（短歌研究社／講談社）、共著に『「国書」の起源』（新曜社）など。

声明

第二部

上代文学会 常任理事会
イタリア学会
日本児童文学学会・英語圏児童文学会・絵本学会
考古学研究会 常任委員会
社会学系コンソーシアム 理事会
日本学校ソーシャルワーク学会 第五期理事会
社会政策学会
日本教師教育学会 理事会
経済理論学会 幹事会
コミュニティ政策学会 理事会

抗議声明

上代文学会常任理事会

上代文学会常任理事会は、日本学術会議の推薦した会員の一部について任命を拒否した政府の措置に対し、強く抗議します。今般の措置は、権力からの独立を法的に保障された学術会議の地位を公然と侵害するものであり、とうてい容認できません。学術会議の協力学術研究団体でもある上代文学会を運営してきた立場として、即時撤回を求めます。

私たちは、かつて津田左右吉の『古事記』『日本書紀』研究が国家権力によって弾圧された経緯を熟知しています。「神武紀元二千六百年」の虚構性を暴露するものだったことが当時の国策に抵触したのでした。戦後の上代文学研究者は、日本史研究者とともに、津田の受難を二度と繰り返さないことが研究発展のために必須であると考え、そのために相互努力を惜しまないことを不文律としてきました。今般の措置は、私たちの研究者としての信条を踏みにじるものであり、自由闊達であるべき学問討究を萎縮へ導く暴挙であって、この点からもとうてい容認できません。

今般の任命拒否は英米の著名な科学雑誌にも取り上げられ、政治が学問の自由を脅かしていると報じられました。日本だけでなく世界中の科学者が、政府の措置を非常識きわまる強権発動と見ているのです。

言語表現を取り扱うわが学会としては、任命拒否の理由を菅総理がまともに説明しようとせず、無効で無内容な言い逃れを重ねていることをも看過できません。総理の態度は事実上の回答拒否であり、コミュニケーションの一方的遮断です。あたかも何事かを答えたかのように見せかけている分だけ、ただの黙殺より悪質だとも言わなくてはなりません。

前政権以来、この国の指導者たちの日本語破壊が目に余ります。日本語には豊かなコミュニケーションを担う力が十分備わっているのに、見せかけの形式に空疎な内容を盛り込んだ言説が今後も横行するなら、日本語そのものの力が低下してしまいます。日本語の無力化・形骸化を深く憂慮します。頼むから日本語をこれ以上痛めつけないでいただきたい。

（二〇二〇年一〇月一二日）

日本学術会議会員任命拒否についてイタリア学会による声明

日本学術会議が推薦した第二五期会員候補者一〇五名のうち、六名が菅総理によって任命されなかったことについて、明確な理由説明はなく、説明の要求を斥けることは学問の自由の理念に反すると同時に、民主主義に敵対するものであり、これに断固として異議を唱えます。《説明しないこと》こそが民主主義に反する権力の行使（国民に対する暴力）であり、主権者である国民に説明責任を果たすことが民主主義の基本だからです。情報公開の制度は古代ローマの時代イタリアの地で芽生えました。イタリア学会としてこれを看過することはできません。必ず説明責任が果たされることをイタリア学会の総意として要望致します。

イタリア学会会長　藤谷道夫

理　由

イタリア学会は「日本におけるイタリア学の発展と普及に寄与することを目的としている。」（イタリア学会会則第三条）イタリア学を通じて学び得た知見を社会活動に適用することは、学会の目的に適う実践的行為と判断し、今回の声明を発した理由を簡単に説明したい。

菅首相は「（学術会議の会員は）広い視野を持ち、バランスの取れた行動を行ない、国の予算を投じる機関として国民に理解されるべき存在であるべき」だと述べた。これをテキスト解釈にかけると「国の税金を使っている以上、国家公務員の一員として、政権を批判してはならない」という意味になる。ここには二つの大きな誤謬が隠されている。学問は国家に従属する《しもべ》でなければならないという誤った学問観であり、国家からお金をもらっている以上、政権批判をしてはならないという誤った公民観である。

学問は、国家や時の権力を超越した真理の探求であり、人類に資するものである。与党に資するものだけを学問研究とみなすことは大きな誤りである。学問研究によって得られる利益は人類全体に寄与するものでなければならず、時の政権のためのものではない。判りやすい例を挙げれば、日本は西洋から数学や物理・化学を始め、あらゆる分野で多大な恩恵を無償で受けた。万有引力定数や相対性理論を発見したのは日本人ではない。その恩恵と利益を受けながら、その使用料は払っていない。なぜなら学問成果は全人類の共通善として無償で開放されているからである。日本国には受けた恩恵を人類に返すべき義務があることは言うまでもない。

「国からお金をもらっている以上、政権批判をしてはならない」というのは手前勝手な考え方である。公務員は政権の《しもべ》ではないからである。公務員は国民全員の利益のために働く。政権が間違った判断をすれば、それを国民のために批判することは、むしろ公務員の義務である。古代の中国では臣下が君主に行ないを改めるよう諫言することは褒むべき行為とされた。翻ってイタリアの地、古代ローマの時代には、時の政権の勝手な振る舞いから国民を守るための公的機関である護民官が設置されていた。現代の公務員に匹敵する護民官は、時の権力を批判・牽制するために作られた驚くべき官職である。

次に、菅首相は憲法二三条が保障している「学問の自由」の意味を理解していない。「学問の自由の保障とは、学者が学問的良心に従って行なった言動の評価は、まずは学者どうしの討論に委ね、最終的には歴史の判断に委ねるべきであり、間違っても《時の権力者》が介入すべきではない、ということである。」（小林節・慶應義塾大学法学部名誉教授）権力が学問世界に介入する事例は西洋史に無数に見出される。一六三二年ガリレオ・ガリレイが『天文対話』を完成させた時、ローマ教会は検閲を行ない、教皇ウルバーヌス八世とイエズス会士はこれに激怒し、同書を禁書にした。ガリレオはローマの異端審問所で証言するよう出廷を命じられ、翌年、六カ月にわたる裁判を受けさせられた。ガリレオは自分の誤りを認めさせられ、異端審問官の前で研究を放棄するよう宣誓させられた。そしてフィレンツェ近郊で残りの九年の生涯を軟禁状態で過ごすことになる。教会の決定に疑義を挟むことなどあってはならず、時の権力に反する主張は時の権力の判断によって封殺された。

「今回、菅首相は、特定の学者の言動について《広い視野を持っているか》《バランスの取れた行動であるか》について自分の権限で判断したと告白し、その結果、《国の予算を投じる機関（の構成員）として国民に理解される存在ではない》と認めたのである。問題は、仮に菅氏が高い実績のある学者であったとしても、同時に、《首相》という権力者の地位にある間は、そのような判断を下す《資格》が憲法により禁じられているという自覚がないことなのである。にもかかわらず、高い実績の学者たちが全国から会議に集まるために一人につき月二万円余の交通費を用意する程度のことを逆手にとって学術会議に介入しようとするとは、《選挙に勝った者には何でも従え》という、政治権力者の思い上がり以外の何ものでもない。」（小林節名誉教授）

私たちが最も問題とするのは、《説明がない》ことである。憲法六三条は「答弁または説明のため出席を求められた時は、国会に出席しなければならない」と義務付けている。この趣旨について政府は「首相らには答弁し、説明する義務がある」（一九七五年の内閣法制局長官）と見解を示している。しかし、菅首相は官房長官時代から記者会見で「指摘はまったくあたらない」と木で鼻を括った答弁を繰り返して憲法を無視してきた。世界で初めて情報公開制度を始めたのはイタリアである。「執政官に就任して（前五三年）、まずカエサルが決めたことは、元老院議事録と国民日報を編集し、公開する制度であった。」（スエートーニウス『ローマ皇帝伝』第Ⅰ巻「カエサル」20）これが民主主義への第一歩である。それまで国民は元老院でどんな議論を、誰がしているか知る術もなかった。議員が私利私欲で談合を行なっても、知る由もなかったが、議事録が速記され、清書されて、国民に公開されるようになったおかげで、貴族の権力は大いに削がれた。隠れての不正ができなくなったからである。一方、その時代から2000年以上経った今の日本では、安倍政権下で情報は秘匿され、文書は改竄・捏造、削除され続けてきた。確かに、日本では民草に説明をするなどという伝統も習慣もなかった。江戸城で開かれる老中会議の内容が知らされることもなければ、人事異動のプロセスも民草には窺い知ることもできなかった。おそらく安倍・菅首相が目指す世界はこうした江戸時代のものなのであろう。

人事で恫喝して従わせる手法は、一種の《暴力》とみなされる。紀元前五世紀のアイスキュロスの作品『縛られたプロメーテウス』には権力の何たるかが活写されている。この劇は二人の登場人物がプロメーテウスを連行する場面から始まる。プロメーテウスは絶対君主であるゼウスの意向に逆らって、天上の火を盗み、人類に与えたために、暴君ゼウスから罰を受けて、スキュティアーの岩壁に磔にされる。この時、彼を連行する二人の登場人物の名前に作者の意図が巧みに織り込まれている。二人は*Κράτος*（クラトス）と*Βία*（ビアー）という名だが、ビアーの方は劇中で一言も言葉を発しない。ギリシャ語でクラトスは「権力」を、ビアーは「暴力」を意味する。無言の暴力を用いて他者を従わせるのが権力であるという寓意である。ギリシャ語のビアーやイタリア語のviolenzaは単に武力による物理的な暴力だけではなく、圧力や強制を意味する。ビアーのように《説明しない》ことが権力（クラトス）なのである。同じく、カフカの『審判』では主人公ヨーゼフ・Kは、ある日見知らぬ二人の男の訪問を受け、何の理由も告げられず、逮捕される（この二人の男はまさに「クラトス」と「ビアー」を暗示している）。その後、何の説明もなしに、有罪とされ、「犬のように」処刑される。この小説でも《説明しない》ことが権力であるとして描かれているが、これが現実になったのが、ソヴィエトである。ソルジェニーツィンの『収容所群島』にはまさに何の《説明もなしに》逮捕され、強制収容所に連行される日常が記録されている。逮捕するのは決まって深夜である。深夜に訪れることで逮捕者を恐怖させる効果を狙ってのことだが、また同時に、近隣住民が翌朝、隣人が忽然といなくなったことを知って恐懼するよう仕向けるためでもある。これが不安をかき立て、恐怖を蔓延させる。いつ自分が逮捕されるか人々は戦々恐々とし怯えるようになる。これによって国民は心理的に権力によって完全に支配される。つまり、《説明しない》ことこそが権力の行使であり、国民を無力化させる手法なのである。こうして国民は恐怖と不安から権力に従うようになる。なかには権力に忖度し、取り入る者が出て来る。こうした事例からも民主主義がいかに「説明すること」にかかっているかが判る。説明と情報公開が民主主義を支える命であり、それを破壊する手段は《説明しないこと》、《情報を秘匿する》ことなのである。

たかが六人が任命されなかっただけで、ガリレオを持ち出すのは大げさであり、学者はそうした政治的な喧噪から離れて研究をしていれば、好いではないかと思う人がいるかもしれない。ましてや一部の学者の話であり、自分たちには何の関係もないと思っているかも知れない。しかし、問題の本質は、時の権力が「何が正しく、何が間違っているかを決めている」点において、ガリレオ裁判と変わりない。科学分野の基礎研究の予算は削られ続ける一方で、軍事研究には潤沢な傾斜配分がなされる今の日本にあって、また軍事研究に手を染めない学術会議の方針を苦々しく思う自民党政権においては、杞憂で終わらないことを心得ておく必要がある。実際、すでに文科省は今月一七日に行われる中曽根元首相の内閣・自民党合同葬義において弔旗を掲揚し、葬儀中に黙禱するよう、国立大学や都道府県教育委員会、日本私立学校振興・共済事業団、公立学校共済組合などに通知を送っている。公金は自民党のためのものではなく、国民のためのものである。国民全体の奉仕者である公務員を、自民党のための奉仕者に変えようとする暴挙は許されない。かつて次のように臍をかんだマルティン・ニーメラーの轍を踏まないためである。

（文責：藤谷道夫）

ナチスが最初、共産主義者を攻撃した時、
私は声を上げなかった。
なぜなら私は共産主義者ではなかったから。
社会民主主義者が牢獄に入れられた時、
私は声を上げなかった。
なぜなら私は社会民主主義者ではなかったから。
彼らが労働組合員を攻撃した時、
私は声を上げなかった。
なぜなら私は労働組合員ではなかったから。
ユダヤ人が連れ去られた時、
私は声を上げなかった。
なぜなら私はユダヤ人ではなかったから。
そして彼らが私を攻撃した時、
私のために声を上げてくれる者は誰一人残っていなかった。

通常の娯楽に加えて、（古代）ローマ人の労苦に満ちた厳しい生活を陽気なものにしてくれるものに、凱旋式があった。（中略）民衆は大喜びで拍手喝采していた。だが、部下の兵士たちから将軍に向けて罵詈雑言を浴びせる習わしがあった。将軍の弱みや欠点、愚行の数々を公衆の面前であげつらうのである。将軍が高慢にものぼせ上って、自分を無誤謬の神（絶対に正しい偉い人間）だと思い込んだりしないようにするためである。例えば、カエサルには、部下たちがこう叫び立てていた。「禿げ頭の大将よ、他人の奥さんたちを物色してんじゃねぇぞ！あんたは商売女（淫売女たちで）で我慢してりゃいいんだ！」※現代の独裁者たちに対しても同じように言うことができたならば、きっと民主主義にとって怖いものは何もなくなるだろう。

（Indro Montanelli, *Storia di Roma*, Rizzoli, Milano, 1969, pp. 141-142）

「犬儒派（キュニコス派）のディオゲネース（前四〇〇／四頃‐三二五／三頃）は、世の中で最も素晴らしいものは何かと訊かれたとき、《何でも言えることだ（言論の自由 *Παρρησία* パッレーシア）》と答えた。」

〜ディオゲネース・ラーエルティオス『ギリシャ哲学者列伝』69〜

（二〇二〇年一〇月一七日）

※スエートーニウス（六九？‐一四〇？）『ローマ皇帝伝』第一巻49＆51参照。

日本学術会議第二五期新規会員任命に関する緊急声明

日本児童文学学会会長　宮川健郎
絵本学会会長　澤田精一
英語圏児童文学会会長　川端有子

菅義偉内閣総理大臣は、日本学術会議が第二五期新規会員候補として推薦した六名を任命しませんでした。

その理由について、一〇月五日の内閣記者会でのインタビューにおいて、「総合的、俯瞰的な活動を確保する観点から判断した」と述べていますが、「個別の人事に関することについてコメントは控えたい」と述べ、任命見送りになった経緯および理由を全く説明していません。

これは、日本学術会議法に定められた同会議の独立性を脅かすものであり、ひいては日本国憲法の保障する「学問の自由」を侵害する重大な事態です。

日本児童文学学会・英語圏児童文学会・絵本学会は、子どもたちのために書かれた本や絵本の歴史的・文化的・教育的研究を通じて、子どもたちの健全な育ちのみならず、それを保障する社会の在り方に深くかかわって活動を続けています。子どもたちの未来のためにも「学問の自由」は何よりも尊重されるべき権利であり、三学会はこの事態を深く憂慮しております。

以上により、日本児童文学学会・英語圏児童文学会・絵本学会は、相互の理事会において連携し、内閣総理大臣に対して、今回の任命拒否の理由及び経緯を説明すると同時に、その撤回を強く要望いたします。

（二〇二〇年一〇月一三日）

日本学術会議会員任命拒否に対する声明

考古学研究会常任委員会

二〇二〇年一〇月から始まる日本学術会議第二五期の会員選考に際し、学術会議から推薦された六名の候補者の任命を内閣総理大臣が拒否した。

かつて権力に学問が追随し戦禍に多くの国民を巻き込んだ責任に対する反省に基づき、独立した活動を通じて、人類社会の福祉への貢献と学術の進歩への寄与を使命とする日本学術会議の根幹を揺るがす事態である。

私たちは考古学という学問的営みを通し、権力のあり方を多面的に論じてきた。些細な契機で権力が強制力を顕現させてきた歴史を顧みると、法的手続きに従って推薦された候補者を明確な説明もなく拒否するという今回の措置は、学術研究のみならず広く市民の日常生活を脅かす端緒となる危険性を看過できない。

以上の理解に基づき、学術会議からの推薦会員任命を内閣総理大臣が拒否したことを、学問の独立性を損ない、さらに学問・表現の自由の制限に及ぶ事態として、考古学研究会は深く憂慮する。そして、任命を見送られた新会員候補の速やかな任命を強く求めるものである。

（二〇二〇年一〇月一〇日）

第25期日本学術会議の新規会員任命に関する声明

社会学系コンソーシアム理事会

第二五期日本学術会議の新規会員任命にあたって、日本学術会議が推薦した会員候補者のうち六名に対して、内閣総理大臣が理由等を明らかにせずに任命を拒否している。こうした対応は、憲法に定められた学問の自由の保障、そして「科学が文化国家の基礎であるという確信に立って、科学者の総意の下に、わが国の平和的復興、人類社会の福祉に貢献し、世界の学界と提携して学術の進歩に寄与することを使命」とする日本学術会議法の精神を貶め、研究者の自由で公正な研究教育活動を脅かすものである。

社会学系コンソーシアムは、二〇〇七年八月に設立された、社会学研究を基盤においた学協会の連携組織であり、日本社会学会や日本社会福祉学会をはじめとして、社会学および社会福祉学などに関連する三一の学協会が集って連携した組織である。これら組織を代表して、社会学系コンソーシアム理事会は、内閣総理大臣による任命拒否とその理由開示拒否という異例の決定が学問の自由を侵すものであると考え、六名の会員候補者の任命拒否理由のすみやかな開示、そして六名の会員への任命を求めるものである。

（二〇二〇年一〇月一一日）

日本学術会議の新規会員候補の任命拒否に関する学会声明

日本学校ソーシャルワーク学会第五期理事会

日本学術会議の第二五期新規会員の任命にあたり、二〇二〇年一〇月一日、現内閣総理大臣は、その会員候補一〇五名のうち、人文・社会科学系六名の研究者の任命を明確な説明もなく拒否する決定をおこないました。これは日本学術会議法に定める本会議の独立性を無視し、本会議が推薦した会員候補者が任命されないという、学問の自由（憲法第二三条）をもっぱら侵害するものです。学問の自由及び政治的介入からの自立性は、われわれ学術研究の根幹をなすものであり、それらが侵害されることは極めて遺憾なことです。

言論と表現の自由は、子どもの最善の利益や教育権・学習権保障を旨とする学校ソーシャルワーク研究において不可欠なことです。それらがないがしろにされることは、子どもたちの命と暮らし守り、子どもたちの権利擁護を学校・家庭・地域の中で具体化し充実させるソーシャルワークの実践的理論的研究の発展の阻害（子どもの人権と教育及び発達の保障に資する本学会の目的）にもつながります。

日本学校ソーシャルワーク学会は、このような事態を憂慮し、日本学術会議第一八一回総会において提出された要望事項、「推薦した会員候補者が任命されない理由への説明」と「任命されていない方を速やかに任命すること」に賛同し、それを支持します。

（二〇二〇年一〇月一二日）

日本学術会議会員候補の任命拒否に対する声明

社会政策学会

社会政策学会は、内閣総理大臣による第二五期日本学術会議会員候補の任命拒否に対して抗議の意を表明します。

日本学術会議法には、会員は日本学術会議の推薦に基づいて内閣総理大臣が任命することと定められています。今回の六名の会員候補の任命拒否は、同法の立法趣旨およびこれまでの政府答弁に見られる法解釈を逸脱するものです。また、日本学術会議法には、会員を専ら学問的観点から選出することが定められています。非学問的観点から任命拒否を行なうことは、社会政策学会が希求してきた学問の自由を脅かすものです。

社会政策学会は、日本学術会議の協力団体として、六名の会員候補を速やかに任命するよう内閣総理大臣に求めます。

（二〇二〇年一〇月二四日）

日本学術会議第二五期新規会員任命に関する声明

日本教師教育学会理事会

内閣総理大臣は、日本学術会議が第二五期新規会員候補として推薦した一〇五名のうち六名を任命しなかった。これに対して日本学術会議第一八一回総会は、(一) 推薦した会員候補者が任命されない理由を説明すること、(2) 任命されていない六名を速やかに任命すること、について要望書を提出した。しかし、理由について十分な説明はなされておらず、任命は拒否されたままである。

日本学術会議は、一九四九年、「科学が文化国家の基礎であるという確信に立つて、科学者の総意の下に、わが国の平和的復興、人類社会の福祉に貢献し、世界の学界と提携して学術の進歩に寄与することを使命とし」(日本学術会議法 前文) て設立され、(一) 科学に関する重要事項を審議し、その実現を図ること、(2) 科学に関する研究の連絡を図り、その能率を向上させること、を「独立して」行うものとされている (同法第三条)。

今回の事態は、このような同会議の諸活動の独立性を脅かし、人文・社会科学、自然科学等のあらゆる領域にわたる同会議協力学術研究団体による自由闊達な研究活動を萎縮させせかねない。ひいては、日本国憲法で保障された「学問の自由」を侵害する危険性があると言わざるを得ない。

日本教師教育学会は、「学問の自由を尊重し、教師教育に関する研究の発展に資することを目的とする」(会則第二条) 学術研究団体である。教師教育は公教育の根幹をなす営みであり、その実践と研究は科学的真理と社会的公正という価値に基づいて行われなければならない。それらは特定の政党や政治的権力に支配されることのない「学問の自由」の保障があってこそ可能なことである。それゆえ、今回の事態を深く憂慮する。

以上により、日本教師教育学会は、日本学術会議による前掲の要望を強く支持し、推薦された会員候補者の任命が見送られた理由の説明と、候補者の速やかな任命を求める。

（二〇二〇年一〇月一七日）

政府による日本学術会議への介入強化に対する抗議声明

経済理論学会　幹事会

主　文

菅義偉政権が、会員の任命権を濫用することによって日本学術会議への介入と実質的な支配を従来以上に強化することに、経済理論学会は強く抗議する。併せて、推薦された六人の候補の任命を拒否した法的根拠ならびに理由についての日本政府による説明責任の事実上の放棄を強く非難し、任命の拒否を撤回するよう強く求める。

さらに、選挙による会員の公選方式を廃止し推薦方式に変更する等の措置にみられるように、これまで日本政府が日本学術会議への介入を累次積み重ねて同会議への実質的な支配を強化してきた一連の政策に対しても、経済理論学会はこれを厳しく批判するとともに、日本学術会議の独立性を確保し、日本における「人文・社会科学、生命科学、理学・工学の全分野の約八七万人の科学者」を真に代表する機関として維持することを強く求める。

趣旨

今般、二〇二〇年一〇月一日、第二五期日本学術会議新規会員の任命にあたり、菅義偉内閣総理大臣は、同会議の側から推薦された一〇五人のうち六人を除外して任命した。しかし、これまでのところ、同六人を除外した理由についての説明責任を事実上果たしていない。

日本学術会議は、日本における「人文・社会科学、生命科学、理学・工学の全分野の約八七万人の科学者を内外に代表する機関」[1]として、日本の科学者コミュニティを代表し、持続的に活動する資格を確保するために、会員及び連携会員の選出に際しては、見識ある行動をとる義務と責任を自発的に受け入れて実行することが宣言されている[2]。

日本学術会議法においては、会員の選考と決定について、会員の候補者は日本学術会議が会員の候補者を「内閣府令で定めるところにより」、内閣総理大臣に推薦し、その「推薦に基づいて」内閣総理大臣が任命する旨、規定されている。日本学術会議が会員候補者を選考するにあたっては、「優れた研究又は業績がある科学者」から選考されることが規定されている[3]。候補者として推薦された人物が「優れた研究又は業績がある科学者」であるかどうかを学術的に判断する能力を政府が有するとは想定されない以上、「優れた研究又は業績がある科学者」で構成される日本学術会議が「優れた研究又は業績がある科学者」として推薦した人物の任命を政府が拒否する根拠は薄弱である。本学会は、任命拒否の法的根拠ならびに理由について、政府による説明責任の事実上の放棄を強く非難し、詳細の速やかな開示および拒否の決定の撤回を強く求めるものである。

加えて、一九四九年の設置以降現行制度に至る、日本学術会議の会員の選考方式の歴史的な変遷に鑑みると、今般、内閣総理大臣が、日本学術会議によって会員候補として推薦された人物の任命を拒否したことは、多様な研究者による日本学術会議への主体的な関与の余地を狭め、同時に、日本学術会議への政府による人事介入を通じた支配を強化する措置であるとの危惧を本学会は強く抱かざるを得ない。

とりわけ、一九八四年五月に、設立以来の会員の幅広い研究者による公選制が廃止され、学協会による推薦制が導入され、さらに続いて、二〇〇五年には、既存の会員による会員候補の選定方式（コ・オプテーション方式）が導入された。加えて、二〇一六年には、定年を迎える三人の会員の補充をめぐり、日本学術会議が推薦した候補を首相官邸が拒否し、結果として欠員のままとなった。[4] これは、「日本学術会議は、二一〇人の日本学術会議会員をもつて、これを組織する」と定める日本学術会議法第7条に反する状態となった。上記の会員の補充にあたっては、一ポスト当たり二人を事前に示すよう首相官邸から日本学術会議が求められたとの報道もある。[5] この措置を受け入れた日本学術会議の元幹部は、「官邸側に『選んでいる』形を取らせるためのやむを得ない『妥協』だ」と発言しているが、[6] ここに示されているのは、政府による圧力の強化に対し、受動的に「忖度」せざるを得なくなった日本学術会議の姿である。こうした一連の経過を見る限り、一貫して、広範かつ多様な研究者による主体的な関与の余地を狭め、政府による介入と支配を強化する傾向がみられるといわざるを得ない。

こうした経緯から判断して、今般の日本学術会議により推薦された新会員候補一〇五人のうち六人の任命拒否という事態は、政府による日本学術会議への介入と支配のいっそうの強化を如実に示すものと断じざるを得ない。本学会は、日本学術会議協力学術研究団体として、歴史的に一貫して強められてきた政府による日本学術会議に対する介入と支配の強化を厳しく批判するとともに、日本学術会議の独立性を確保し日本における「人文・社会科学、生命科学、理学・工学の全分野の約八七万人の科学者」を真に代表する機関として維持することを強く求めるものである。

以上

1 『日本学術会議における活動の手引き――第二四期会員及び連携会員の皆様へ――』、二〇一七年九月。
2 「日本学術会議の総意に基づく対外的誓約」である『日本学術会議憲章』、二〇〇八年四月八日、第一項、第七項。
3 日本学術会議法第七条、第一七条。
4 『毎日新聞』電子版、二〇二〇年一〇月二日付（木許はるみ記者・近松仁太郎記者による執筆記事）。
5 『NHK NEWS WEB』二〇二〇年一〇月八日付、「日本学術会議　人事への官邸関与の経緯は」。
6 『朝日新聞』電子版、二〇二〇年一〇月三日付（宮崎亮記者による執筆記事）。

（二〇二〇年一〇月一〇日）

第二五期日本学術会議新規会員任命問題に関する声明

コミュニティ政策学会理事会

第二五期日本学術会議の新規会員として、日本学術会議が一〇五名の会員候補を推薦したところ、内閣総理大臣はそのうち六名を除外し、九九名だけを任命しました。これに対して、多くの学協会や大学人ほか様々な方々から多大の疑問や懸念が表明されています。日本学術会議は、「推薦した会員候補者が任命されない理由を説明いただきたい」こと、及び「任命されていない方について、速やかに任命していただきたい」ことを、要望する「要望書」を、二〇二〇年一〇月二日付で内閣総理大臣宛てに提出しています。

私たちも同感です。私たちが研究しているコミュニティ政策の分野では、「協働」という政策理念のもとに地域コミュニティと行政や専門機関との信頼関係に基づいて多彩な連携・協力関係が築かれて成果を収めています。日本の研究者コミュニティの最も重要な機関の一つである日本学術会議と政府との協力関係も同様の信頼関係の上に構築されるべきではないでしょうか。だからこそ、日本学術会議法は、その第七条第二項で、会員は、日本学術会議による推薦に「基づいて」内閣総理大臣が任命する、と規定しています。かつて政府が国会に対して答弁したように原則として推薦通りに任命するべきものであり、万一そのようにしない場合には合理的で納得のいく説明がなされるべきでしょう。そのようにして研究者コミュニティと政府との信頼関係が維持され、日本の学術的研究の基礎が強固なものになっていくのだと考えます。

現在に至るまで、政府が日本学術会議の上記要望書に真摯に応える対応をしていないことを私たちコミュニティ政策学会理事会は深く憂慮するものです。

（二〇二〇年一〇月一八日）

「日本学術会議任命拒否」問題を考える

山本貴光（文筆家）
×
吉川浩満（文筆家）

〈一市民〉の立場で語る

吉川　世間を騒がせている「日本学術会議任命拒否」問題ですが、経緯を簡単に確認しましょうか。一言でいうと、日本学術会議（以下、学術会議）は日本の理系文系の研究者の代表機関です。経費は国庫負担で内閣総理大臣の所轄の下、政府から独立した国立アカデミーとして設置されています。二一〇名の会員の任期は六年で、三年ごとに半数が改選される仕組みです。この組織について定めた「日本学術会議法」の第七条には、次の通り記載されています。「会員は、第十七条の規定による推薦に基づいて、内閣総理大臣が任命する」。会員選出がこのようなかたちになった一九八四年以降、学術会議の会員任命は、天皇が内閣総理大臣を任命するのと同様、あくまで形式的な手続きとしてなされてきました。それに対し今回、学術会議が推薦した会員候補一〇五名のうち六名について、菅義偉首相が任命拒否を行った。しかも「総合的・俯瞰的な活動を確保する観点から判断した」

という具体性に欠ける理由しか提示されなかったので、大きな問題となりました。

じつはこの企画のご相談をいただいたとき、ずいぶん荷が重い仕事だと震えました。私たちは学者や研究者ではありませんし。でも、学問とまったく無縁でもありません。むしろ理系文系問わず直接的に学問の恩恵を受けている。そういう立場だからこそ言えることがあるかもしれないと、お引き受けしました。

山本　はじめに申せば、私もアカデミアに対して、もともとはアウトサイダーです。吉川くんが言うように、学者でも研究者でもない。ですが、機会があると大学で講義をすることもあるので、ほんの少しインサイダーでもある。アカデミアの内と外の両側に足をかけている立場から、この問題をお話したいと思います。

吉川　たしかに私も大学に呼ばれて講義などをすることがあるので、アウトサイダーでありながら、少しだけインサイダーでもあるといえるかもしれません。

さて、「学問の自由」というのは大きなトピックで、山のように論点が存在します。SNSなどでは、様々な問題が整理されずに提示されるために議論が錯綜し、デマもたくさん飛び交っている。そんな状況下ですから、とりあえずシンプルな議論の出発点を設けたいと思います。それは、どのような視点、どのような立場でこの問題を捉えるか、です。この問題を論じるときには、これを大前提として押さえておきたい。なぜかというと、視点や立場によって、主張する内容や論点の優先順位が大きく変わるからです。

そのうえで今回私たちが基本とするのは、〈一市民〉としての立場です。なぜかというと、それがどんな人間であれ共有しているはずの立場だからです。学者であろうとなかろうと、一市民には違いありませんよね。また、後に述べるように今回の任命拒否は、学術会議という団体のあり方に関する問題であるという以前に、政治権力の行使のあり方に関する問題である。つまり民主社会のメンバーとしての市民にとってこそ、重大な問題であると考えるからである。

山本　〈一市民〉という立場を基礎として、人によっては研究者、政治家など別の立場がある。話が錯綜する原因の一つには、立場の違いを明確にしないまま論じていることが挙げられます。たとえば、飲み屋のおしゃべりで、贔屓《ひいき》にしている野球チームの監督になりきってチームを差配したりする。願望に基づいて、監督であるかのように話す。もっとも、この場合、かたとき楽しむためのおしゃべりで、意見の違うファンとケンカになるくらいです。他方で、今回の任命拒否問題について考えるような場合、立場を混同すると無用にことをややこしくしてしまいます。

吉川　その点を踏まえて一市民として考えると、この問題は非常に単純にまとめることができます。私たちがオリジナルな見解をいくつも持っているわけではないので、他の人の見解を引きながら述べることにします。最初に、リサーチマップに掲載された歴史学者・松澤裕作さんの研究ブログ「日本学術会議会員の任命拒否について私の考えるところ」を見てみましょう。松澤さんは、この問題の論点は基本的に二つだけだと指摘しています。

①任命拒否は法律違反ではないか
②権力の恣意的な行使ではないか

私もこの路線に大筋で賛成します。他にも様々な論点があるでしょうが、政府を監視する市民の役目として、少なくともこの二点を忘れてはならないと思います。だとすると、これは研究者にとっての問題であるだけでなく、いやそれ以前に、市民にとっての大問題であるということになります。

山本　むしろその二点以外は今、論じなくてもいいかもしれません。まず、合法かどうかはテクニカルな問題ですよね。法律の運用、解釈に基づいて今回のやり方はどうなのかジャッジする。憲法学を専門とする法律家たちによれば、違法性が高いと指摘されている。では、仮に違法である場合、そのことは一市民にどう関わるか。政府の違法状態を放置しておいてよいか。今回のケースは、自分に関係ないので放置でよい、と考える人もいるかもしれません。しかし、一度は本当に無関係だろうかと考えてみたほうがよい。この事例について法を破って平然としている政府は、他の事例についても同様の振る舞いに出ないか。その際、この事例については破ってもいいが、別の事例では破ってもらっては困る、というのでは筋も通らない。そもそも法の存在意義や機能が毀損されてしまう。これは、自分が日本学術会議に対してどのような意見を持っているかとは別の話として考える必要があります。

もう一点、「恣意的な権力の行使」に関しては、どう考えればいいのか。解決法はより簡単です。菅首相が、今回の決定について人びとを説得できるだけの説明すれば終わる。逆に言えば、説明できない限り終わらない。脳科学者の茂木健一郎さんが『デイリースポーツ』(二〇二〇年一〇月一一日付)に、面白いコメントをしていました。

学者は不明なことをずっと追求し続ける存在。だから、相手が悪かった。

任命拒否の問題は、利害関係者の大半が〈不明〉を追求する研究者です。「モリカケ問題」などと同様に理由を説明せずうやむやにしようとしても、そうはいかない。彼らが全く説明のない不合理な状態を、黙って見過ごすことはしないでしょう。一市民の立場でも、

「総合的・俯瞰的な観点」という物言いは、許容できません。それが何かを決める理由としてまかり通るなら、なんでもありです。しかも現政府の関係者たちは、問題が生じるたび、「適切に対処している」と言いますね。適切かどうかを判断するのは対処している彼らではなく、判定する第三者です。自分で適切と言って済むなら、そんな楽な仕事はありません。

今問われているのは／健全な懐疑を養う下地

吉川　重要問題を総合的・俯瞰的な観点から判断してほしいのは当然です。でも、それが説明を避ける方便になってしまっている。とはいえ、なぜこんな無理筋な決定を政権が行ったのか。これは考える必要があります。私が注目したのは、批評家・東浩紀さんの見解です。

　むろん言論統制の欲望は確かだ。任命拒否は明らかにイデオロギー的な理由で行われている。

　だがその欲望が高支持率を背景に暴走したと捉えるのはいささか素朴すぎる。政権は任命拒否が強い反発を呼ぶことはわかっていたはずだ。それでも「勝てる」という計算

が働いたのではないか。(中略)
学者の世界は常識で測れないことが多いからだ。しかし多くの国民はその説明では納得しないだろう。政権はそのことをわかっていて、だからこそ同会議を最初の「敵」に選んだのではないか。実際ネットでは、政権批判と同じくらい会議批判が広がっている。
(「日本学術会議の任命拒否問題は菅政権のしたたかな戦略かもしれない」『AERA』一〇月一五日号)

要するに、今問われているのは市民の対応なのですが、乱暴な言い方をすれば、完全に舐められている。彼らは説明などしなくてもこのまま押し切れると考えているのでしょう。実際、政府には丁寧な説明を求めたいが、このままだと負けてしまうのではないか。東さんはそんな危惧を表明しているんですね。残念ながら私の認識もこれに近い。では、市民としてどう対応すればよいのか。一〇月一五日付の『朝日新聞デジタル』で哲学者の古田徹也さんがものすごく真っ当な指摘をしています。

心ある与野党の議員の方々や、ジャーナリズムにかかわる方々は、執拗に説明を求め続けてほしい。返答が説明になっていなければ、何度も聞き返してほしい。そして私たちは、その種の応酬に飽きてはいけない。説明が与えられないことに慣れてはいけない。

われわれにできることはこれぐらいです。というより、これさえできればよい。粘り強く忘れずに説明を求めていくしかないでしょう。

山本　とりわけ現在は、ＳＮＳが典型ですが、毎日のように時々刻々と新しい話題が提供されて、人の関心や記憶もそう長く続かない状態にあると思います。そうしたなかで、特定のテーマについて食い下がり続けるには、自分たちの忘れっぽさを自覚しつつ、記憶を新たにし続ける工夫も必要ですね。そのためには、古田さんも仰っているように、取材したことを広く公表できるマスコミをはじめとするメディアの人たちの力がものを言うでしょう（以前に比べれば凋落の途にあるとはいえ）。

吉川　マスコミではありませんが、影響力という点では、一〇月一一日に橋下徹さんが以下のようなツイートをしていましたね。

日本の人文系の学者の酷さが次から次へと出てくる。こやつらは「自分は賢い！一般国民はバカ」という認識が骨の髄まで染みている。こやつらの共通点は、税金もらって自分の好きなことができる時間を与えてもらって勉強させてもらっていることについての謙虚さが微塵もないこと。

しかも社会に対して何の貢献をしているのかわからん仕事でも学問の自由の名目で許される。もう少し謙虚になれ。その謙虚さがないことが、学術会議に対して国民の圧倒的応援が生まれない原因だと、もうそろそろ気付けよ。

このツイートには、一万八〇〇〇件の「いいね」がついています。こうやって市民の側で勝手に分断を推し進めてくれるのだから、放っておけば押し切れるのではないか。菅政権がそう考えるのも無理はないかもしれません。

山本　こういったツイートを目にするたび、どうしたものか、この水準の話から正していかなければいけないのかと、絶望的な気持ちにもなります。かといって、放っておいてもこうしたあからさまな反知性主義の風潮がなくなることも期待できません。

橋下さんのようなツイートを目にしても、「実際のところはどうなんだ」と一度考え直してみる。そういう健全な懐疑を養うための下地をつくるにはどういう手があるか。

たとえば、私たちは日本の学術やその来歴についてあまり知りませんよね。日本における現代の学術体制の歴史は、実はそんなに長くない。西洋流の学術の本格的な移入が始まる明治維新前後から数えても、約一六〇年しか経っていません。その間に学術とはどういう営みか、学術と社会の関係はいかにあるべきか、といった共有認識を持たないまま、今にいたっているように思います。

というのも、私たちは小学校の時点で、国語算数理科社会その他といった科目が、なぜそのように分かれ、なぜそのように組み合わされているのか、そこにはどんな意味や意図があるのかといったことを知らされないまま（どうかすると教える側も知らないまま）学びます。高校生になって文系と理系に分かれるのも、「そういうものか」と受けとって、なぜそうなっているのかは考えないし、大人も説明しない。そこには、そもそも学術とはなんなのか、なぜ現在のようになっているのか、という問いがないのですね。

学術という営みもまた、私たち市民が生きる社会の小さくはない一部である。そうしたことも含めて、学術に対する理解を共有する場や機会をつくり直す必要があると思います。各種学校での教育にそれが期待できないのであれば、その他の手段も含めて検討する必要があるでしょう。それは単に学術の歴史と現在、社会との関係を知るというだけでなく、立場を問わず思考の下地になると思います。

吉川　もう何度目かという感じではありますが、啓蒙のプロジェクトの問題ですね。知的な免疫をつけるというのは、市民が知性の未成年状態から脱するというカント的な意味での啓蒙です。ツイッター関連でもう一つ。社会学者・西田亮介さんの話題になったツイートを紹介します。

なんで、いま、みんな日本学術会議に関心を持っているの？　新政権のツッコミどころだからというだけでしょう。もともとほとんど関係ないうえに興味もなかったじゃない。ぼくだってそうで、たぶん1、2回ほど部会のシンポジウムかなにかで話したとあるけれど、はっきり言えば関係ない

かなり炎上した発言ですが、これ自体は学術会議とそれほど関わりを持たない一研究者にとっては普通の感覚だと思います。これについて西田さんはその後いろいろと書いたり話したりされていますが、見落としてはいけないのは一市民としては彼もこの現状を憂慮している点です。学問に対する政府の恣意的な介入をよしとしているわけではないでしょう。最初の話に戻りますが、いかなる立場から、あるいはどのような利害関係のもとでなされた発言か、よく見る必要がありますね。

山本　立場ごとにどんな利と害があるかを見直す。すぐ分かる利害だけでなく、間接的に巡り巡ってあらわれる利害もあるので、どこまで考えるかは難しいと思います。今回のケースでも、学術会議の来歴やこれまでの政府との関係、あるいは学術という営みをどの

ように捉えているか、それによって問題の見え方は変わりますね。利害について検討するのであれば、これらに関わる知識を身につける努力はしてもいいはずです。

問題の優先度／学問が自由であるべき理由

吉川　一方で、この問題を深く理解したいと考える人の立場からは、「学問の自由が侵された！」「任命拒否に反対する！」と声をあげる人が善悪二元論に基づいて単純に行動しているように見えるかもしれません。賛成か反対か、ゼロかイチかで短絡的に物事を判断しているのではないかと。確かにそういう側面もあるかもしれません。でも、単純な判断、賛成か反対かをゼロかイチで示さなければならない局面もあるのではないかと思います。市民の立場から見るかぎり、任命拒否には端的に反対の意思を表明する必要がある、というのが私の考えです。

任命拒否の問題には、複雑な問題、複雑に考えなければならない部分がたくさんある。社会における学問の意味と価値とか、学術会議のあり方を今後どうしていくべきかという問題などがそうですね。他方で、市民の立場からこの問題を法律違反と政治権力の恣意的な行使という二点に絞って考えたとき、むしろ賛成／反対をハッキリ表明すべきではないかと思います。すなわち政府の判断に異を唱え説明を求め続けること。ここに複雑な解答は必要ありません。

世の中には複雑に考えなければならない問題と、単純に判断しなければならない問題があると思います。後者をあえて複雑に考えるのはよくないのではないか。なんでも深く考えるほうがいいんだ、単純な判断はすべて誤りだと決めつけると、問題の捉え方を間違えてしまうのではないかと思います。

山本　優先して考えるべき問題と、関連しているけれど考えるのは後でもいい問題。これは、しっかり切り分けなければいけません。たとえば、「政府に任命拒否についての説明を求める必要がある」という意見に、「学術会議はどうあるべきか」という別の問題を関連づけてしまうと、答えが見えなくなる。それと、基本的なことですが、事実と願望の区別も大切ですね。端的な事実と自分の価値判断は分けておかなければ、論点の軸がぶれてしまう。

吉川　私たちふたりのユニットである〈哲学の劇場〉としては、法律違反と権力の恣意的な行使、この二点に関しては、端的に「反対」の立場から説明を求めます。他方で学問の自由や学術会議のこれまでの機能や今後については、複雑な問題としてじっくり考えていきたいですね。

反対を表明し政府に明瞭な説明を求める立場と、西田さんのように複雑で難しい問題を考察する立場がある。私には、「この」二つがそこまで矛盾しているようには思えません。

学術会議に所属せずとも研究はできるのだからいいじゃないか、といったSNSなどに散見される意見は、自覚的な無自覚的かはどうであれ、完全な論のすり替えではないかと思います。研究者とは、どこにいても、どんな立場になっても自らの研究を続ける人たちです。今、問題になっているのは、個々の学者の研究環境ではなく、法律違反と政治権力の恣意的な行使が学問の独立性を侵しているのではないかということですから。そこは分けて考える必要がある。

山本　形式的にも学術会議は、国内外に対し日本の全学術を代表する機関です。仮にその機関の独立性がなくなって、ときの政府に都合のよい御用機関になった場合、具体的にどういう影響が出るか。それ自体、にわかに答えの分からない問題ですが、間接的には他人事ではない。そう考えた方が合理的だと思います。

ところで、表現の自由と学問の自由がなぜ大切か。これを考えるために私がお勧めしたいのは、日本科学史学会会長・木本忠昭さんの声明です。「日本学術会議新会員候補六人の任命拒否について」という題で、一〇月一一日付けで投稿されました。なぜ学問の自由が大切なのか明確に記されている。要約してご紹介します。

学術と政治の関係を論じる際、戦前に起きた様々な事件や戦争中の話がよく引き合いに出されます。たとえば一九三〇年代の天皇機関説事件や、滝川事件（京都大法学部教授・滝川幸辰が主張した「刑法学説」がマルクス主義的であるとして、時の政府による弾圧が加わった）です。これらは戦前の国家による、言論の自由や学問の弾圧に関する人文・社会科学方面の事件でした。他方で科学には、兵器の開発に動員された歴史があります。毒ガス兵器や生物兵器など、科学を応用した兵器の開発、人体実験や原爆の研究をはじめ、戦前戦中の国家によって、科学が軍事研究に動員されました。

こうした過去の戦争への協力に対する反省を含め、政治と学術は互いに独立していることが望ましいという苦い教訓を得たわけです。日本学術会議が設立された動機にも繋がりますが、学問は自由であるべき大きな理由の一つです。

吉川　学問の自由が保証されなければ社会の公益にならないということもあります。そういう意味でも学問の自由というのは市民にとっての問題です。たとえば現在のコロナ禍において適切な科学的助言が得られなければ死者は増えるでしょう。真理を探究すべき学問が政治権力から独立していなければ、結果的には社会の公益に反する状況を招いてしまいます。

山本　木本さんの声明の最後にも、その指摘がありました。「行政という別次元からの人事介入は、（中略）研究の方法に影響し、科学者達の民主主義的な議論と姿勢、そして科学の自律的発展を損ない、結局は国民の利害を損ないかねない」。

3・11の後、放射線物質が拡散した地域にいる人はどういう行動を取るのがより望ましいのか。政治的な判断の前に、放射線物質が人体にどういう影響をもたらすかという科学の知見があってこその判断になります。その際、特段の理由も分からないまま、科学の知見を無視した政治的判断が行われるのは大問題です。政治的判断とは別にある科学的な正しさを提示するためにも、学問の自由がないと非常にまずい道理です。

デマ情報とメディア環境

吉川　任命拒否の問題でもう一つ気になったのが誤情報の拡散です。学術会議の会員は全員、日本学士院に行って年二五〇万円の年金を貰えるだとか、論文データベース「スコーパス」の評価からいって任命拒否された六人は研究者としてのレベルが低いのだとか……。後に訂正はされていますが、ものすごく多くの人が目にした誤った情報です。

マーク・トウェインの名言とされるものに「真実が靴を履こうとしている間に、嘘はすでに世界を半周している」というものがあります（トウェインのものであるという信憑性は低いとされていますが）。自然の摂理のようなもので仕方ない部分もあるのでしょうか。

山本　これは半分冗談ですが、SNSをはじめとするインターネットの運用は人類には早すぎたのだと思います。人は真実かどうかより、過激だったり面白かったりするものを好んで拡散したがる。これはネットを閲覧するしくみの欠陥というより、人間側に問題があります。ただ、人間がそういう生き物であることを踏まえ、しくみの設計をし直す必要がありますね。

遅ればせながらツイッターのアメリカ本社は近頃、トランプ大統領のツイートがフェイクの場合、ラベルをつけたり表示しない対応をするようになりました。機械的なファクトチェックの制度は、自由の問題と衝突するので手放しには賛成できませんが、何らかの規制やサポートを行うのはよいと思います。たとえば、「今あなたが目にしている情報は、どれくらい真実か」。そんな意識を持たせるインターフェイスの設計は、現在の技術であればできる。むしろそれくらいの対策をしないと、今の人類では目下のメディア環境を使いこなせず、ますます面倒を引き起こしかねない。

吉川　いろんな工夫が実装されるといいですが、現状ではデマ情報に対しては悲観的にならざるをえません。アーキテクチャレベルの工夫や実装、リバタリアン・パターナリズム的な情報リテラシーの強制的な底上げなどができない状態では、昔ながらの人力によるファクトチェックが必要です。地道で焼け石に水かもしれないけれど、たとえばBuzzFeedの「ファクトチェック・イニシアティブ」のようなサイトを確認する。現在の手持ちの道具や能力でできることと、将来のイノベーションに期待する二段構えで柔軟に対応していく必要があります。

かすかなものではありますが私が希望を見出したのは、問題発覚後の世論調査の結果です（『朝日新聞』が一〇月一七日、一八日に行った世論調査に基づく）。任命拒否に関する菅首相の説明を「十分だ」と答えたのはわずか一五パーセントです。内閣支持層でも五七パーセントが「不十分」と答えている。われわれもそんなにバカではないかもしれない。

山本　意図せずフェイクニュースを流している場合と、橋下さんのツイートのように、自分を支持する人に向けた宣伝やプロパガンダとして煽りを含む情報を流す場合がある。今回の件に関して、支持者の中にも「不十分」と判断する人がいるのは、世の中捨てたもんじゃない、と言い切れるほどではありませんが、わずかとはいえ希望は感じます。

かくいうわれわれもフェイクニュースを信じそうになることは、多々あります。自分が見たいものを見るのが、人間です。それを誰かが「違いますよ」と訂正してくれる。これは人力ですが、フェイクだとわかった人は正しい情報を隣人に教えてあげる。互いにできることはする。もっとも、自分の信じたいことに反する事実を指摘されると、いっそうかたくなになる人がいるという研究もあって、一筋縄ではいかなさそうです。いずれにしても、スマートフォンを通じたSNSを代表とするインターネットの利用環境は、広く普及しています。これを逆手にとって活用しない手はありません。

参考書籍／時間をかけて理解する

山本　最後に、今回の問題について考え、知見を広めるにあたって、参考になる本をいくつか紹介します。まず渦中にある日本学術会議発行『日本学術会議の設立と組織の変遷』[1]。この問題に直に関わる資料です。学術会議創立七〇周年記念展示の冊子で、学術会議のウェブサイトで公開されています。ここでは、学術会議の設立から今に至るまでの経緯が詳しく書かれています。こういう事実や経緯を頭に入れておくと、判断を形作るベースになります。

吉川　同じくネット上の資料では、「現代ビジネス」で公開された科学史家・伊藤憲二さんの寄稿「学術会議の問題、安易な『民営化』が解決策にならないと言える理由」[2]も参考になります。任命拒否は民主制そのものを危うくする。その理由を、伊藤さんが丁寧に解説しています。

学術会議のあり方自体にも、もちろん改善の余地はあるでしょう。きちんと機能するためにはどうすればよいのか。そういった複雑な議論を理解するためには、有本建男・佐藤靖・松尾敬子・吉川弘之『科学的助言』（東京大学出版会）を一読することをお勧めします。

伊藤さんも参考文献に挙げていますが、科学と政治の関係と科学的助言の重要性、課題について論じた一冊です。

山本　なぜ科学的助言が必要なのか、ケーススタディを交えながら意味と価値、問題点を教えてくれる学術書ですね。科学史家・隠岐さや香『文系と理系はなぜ分かれたのか』（星海社新書）は、過去から現在に至る学問の経緯を教えてくれます。主にヨーロッパの科学、学問の歴史を辿りつつ、途中からそれを輸入した日本のケースも含め、なぜ文理が分かれたのかを概観させてくれる本です。こうした歴史の背景を踏まえないと、現在の学術と社会の関係は理解しにくい部分もありますからね。

吉川　同じく隠岐さんの著書で、『科学アカデミーと「有用な科学」』（名古屋大学出版会）も勉強になりますね。フランスのパリ王立科学アカデミーの事例を扱った書籍です。

山本　その本の横に並べるならば、古川安『科学の社会史』（ちくま学芸文庫）でしょうか。これもヨーロッパの事情が中心ですが、社会において科学がどのように営まれてきたのか。西洋科学の変遷を述べつつ、最後は軍事技術と科学の関係なども議論されています。日本のケースを紹介した本を追加するなら、文部省編『学制百年史』があります。文部科学省のウェブサイトで、全編公開されています。明治の開国以来、学問の制度がどういう歴史を辿ったのか。私たちが受けてきた教育制度を含め、詳細に解説したテキストです。

吉川　まともに読むと一生かかりそうな資料ですね。
山本　そう、まずは必要な部分を読むとよいかも（笑）。さきほどの隠岐さんの書名に「有用性」という言葉が出てきましたが、今回の問題に深く関係すると思います。学問、学術がいったい何の役に立つのか。今回、ＳＮＳでも国の税金を使うならば、国益になることをすべきではないかという指摘も多く見かけました。気軽に「国益」と言うものの、何が本当の「益」になるかを見極めるのは、それこそ難題です。学術の有用性について考えるには、エイブラハム・フレクスナー／ロベルト・ダイクラーフ／初田哲男監修『役に立たない科学が役に立つ』（野中香方子・西村美佐子訳、東京大学出版会）が面白い。アメリカのプリンストン高等研究所を創立したエイブラハム・フレクスナーのエッセイに、現代の科学者が解説を付した本です。
フレクスナーは「寄付をしたい」というお金持ちに、それなら高等研究所をつくりましょうと提言します。研究者を実利的・事務的なことから一切解放した状態で、何の役に立つか問わずに研究だけができる。そういう場所を作ろうと言うんですね。フレクスナーはいろんな例を挙げながら、現在では役に立っている科学も、研究していた当初は何の役に立つかなんて考えられていなかったのだ、と説明します。たとえば電気にしても、これが役に立つとは誰も思っていなかった。他方、現在では電気なしで社会が成り立ちません。

量子論や相対性理論なども同様です。

そんなふうに後から有用性が発見された例はたくさんある。研究中は有用性を問わなくてもいい。むしろ、そうしないと研究や科学は発展しない。そんなことが書かれた本です。書名から誤解する向きがあるといけませんので言い添えれば、「役に立たないから役に立つ」みたいな強がりの話ではない。科学という営みがどういうものかを論じています。

吉川 これまでお話ししてきたのは、この問題に対する結論というより前提の確認のようなことですね。ただ、議論が錯綜してよくわからなくなったときには何度でも立ち返るべき前提ではないかと思います。学術会議のあり方に関する疑問とか、学問や研究者に対する印象とか、人にはそれぞれ様々な思いがあるのでしょうが、自分がかかずらっているのはどのような問題なのか、自分が語っているのはどのような立場からなのか、ということをつねに意識するようにしたい。

今回私たちが強調したのは、政権が法律違反と政治権力の恣意的な行使をなんの説明もなく行うような国に私たちは住みたいと思うのか、という民主社会の根幹に関わる疑義でした。これは市民的自由の侵害に容易につながる手法でしょう。スティーヴン・レヴィツキー／ダニエル・ジブラット『民主主義の死に方　二極化する政治が招く独裁への道』（濱野大道訳、新潮社）の議論を想起せずにはいられません。

山本　インターネットの利用が普及して、以前にも増して虚実が入り乱れる場が増えています。今回の問題についても、たとえばツイッター上では、連日たくさんの誤解や無知にもとづくツイートを目にしました。そうしたものを目にして要らぬ混乱に巻き込まれたり、あるいは自ら混乱のもとをつくったり、巡り巡って結果的に自分たちの首を絞める選択をしないためには、結局のところ、現在の状況がいかにして生じたかという経緯を、事実に基づいて頭に整理しておく必要がある。それはたまさか目にした誰かの意見にぱっと飛びつくのとは違って、時間をかけて自分の記憶の状態を世話することだと言ってよいでしょう。じつに手間暇のかかる面倒なことです。

　他方で、いろいろなことがインスタントに調べられる環境にあります。そうしたなか、たとえば、学術会議の歴史と現在、あるいは学術と政府や社会との関係、なんなら国益なるものについて、時間のかかる理解をどうやって自分のなかに育むか。自分の世話をするか。気の長い話ではありますが、これは教育を通じて誰もがトレーニングするとよいはずの技能だと思います。また、これこそは学術の長い歴史をつうじて、それに携わる人たちが行ってきた営みでもありました。答えの分からない問題に取り組んで、知識を集め、こうではないかと仮説をつくり、実験・調査して、検討する。仮説がダメだと分かれば、また考え直す。そのようにして知識を更新してきたわけです。これは仕事や生活においても、それこそ有益な技法です。そうした観点でも、学術の歴史や社会との関わりについての知見が、一種の常識として共有できるようにしたいものですね。ただし、繰り返せば、目下のように人の注意や記憶がつぎつぎと移り変わる環境のなかで、どう実現できるかという課題もあります。

このたびの問題を奇貨として、ここで論じてきたような課題の解決・解消に向けた議論と試みもあちこちで起きることを期待したいと思います。私たちも微力ながら、寄与できることがあればと考えて不十分ながらお話ししてみました。

（「週刊読書人」二〇二〇年一一月一三日号）

1 http://www.scj.go.jp/ja/info/kohyo/pdf/kohyo-24-h200908-1-zuroku.pdf

2 https://gendai.ismedia.jp/articles/-/76358

山本貴光（ヤマモト・タカミツ）

一九七一年生まれ。文筆家・ゲーム作家。立命館大学大学院先端総合学術研究科講師、金沢工業大学客員教授。コーエー、モブキャストゲームスでのゲーム開発を経て現職。著書に『マルジナリアでつかまえて』、『投壜通信』（本の雑誌社）、『文学問題（F＋f）＋』（幻戯書房）、『「百学連環」を読む』（三省堂）など。吉川浩満との共著に『その悩み、エピクテトスなら、こう言うね。』（筑摩書房）、『脳がわかれば心がわかるか』（太田出版）など。「哲学の劇場」主宰。

吉川浩満（ヨシカワ・ヒロミツ）

一九七二年生まれ。文筆業。慶應義塾大学総合政策学部卒業後、国書刊行会、ヤフーを経て、現職。著書に『人間の解剖はサルの解剖のための鍵である』（河出書房新社）、『理不尽な進化』（朝日出版社）、山本貴光との共著に『その悩み、エピクテトスなら、こう言うね。』（筑摩書房）、『脳がわかれば心がわかるか』（太田出版）など。「哲学の劇場」主宰。

YouTubeチャンネル「哲学の劇場」
https://www.youtube.com/c/tetsugeki
山本貴光と吉川浩満による人文系情報チャンネル。新刊情報や対談書評、イベント案内、ゲストトーク、お悩み相談などの動画を毎週配信。

学術会議と誤情報

北野隆一（朝日新聞編集委員）

日本学術会議の会員候補六人の任命を菅義偉首相が拒否した問題では、多くの学会が「学問の自由への違法な介入であり不当だ」などと抗議の声をあげた。

これに対し、与党の政治家や政権支持者らからは、首相の任命拒否の当否ではなく、日本学術会議（以下、学術会議）のあり方や活動自体に問題があるかのような主張が相次いだ。ツイッターなどネット上で拡散した情報の多くは、報道機関などのファクトチェックによって「誤り」と指摘された。しかし自民党は二〇二〇年一〇月、会員任命問題ではなく学術会議のあり方を議論するプロジェクトチーム（PT）「政策決定におけるアカデミアの役割に関する検討PT」を発足させ、野党や新聞各紙から「論点のすり替えだ」と批判される状況となっている。

答申なく「活動が見えない」

PTの発足は一〇月七日に記者会見した元文部科学相の下村博文・自民党政務調査会長の発言がきっかけだった。学術会議による政府への答申が二〇〇七年以降、また政府への勧告が二〇一〇年以降、一件もないことをあげ、「活動が見えない。役割が果たされているか議論が必要」と述べた。

これを受けて自民党は一〇月一四日にPTの初会合を開き、座長の塩谷立・元文科相が「学術会議の役割は何なのか、疑問を感じていた。民間や非政府組織に改組することも一つの案」と明言した。下村氏は二一日のPTで「(学術会議を)バッシングしようと思っているわけでも、論理のすり替えで始めているわけでも全くない」と強調した。

しかし、そもそも答申とは政府の諮問に応じて出されるものだ。下村氏の主張に対し、日本学術会議元会長の広渡清吾・東京大学名誉教授は一〇月九日の野党合同ヒアリングでこう反論した。「政府が諮問してくれなければ答申を返すことはできない。答申がないのは、あなた方が諮問しなかったからだ。どうぞ諮問してください」

政府の諮問によらず自主的に出す提言や報告については、学術会議は活発に発表してきた。二〇二〇年だけでも九月末までに提言六八件、報告一五件を公表している。広渡氏は「下村さん、日本学術会議のホームページをご覧ください。政府が社会、政治を良くするために採用できる提案がたくさんある」と語った。

中国の「千人計画」に協力か

甘利明・自民党税制調査会長は、八月六日付のブログで「日本学術会議は防衛省予算を使った研究開発には参加を禁じていますが、中国の『千人計画』には積極的に協力しています」などと記述した。一〇月に任命拒否問題が発覚するとブログの内容が広まり、学術会議を批判する声がネット上で相次いだ。

「千人計画」とは、中国が二〇〇八年に策定した、外国の優れた人材を集めるため奨励金を支給するなどの国家プロジェクトだ。対象は外国人研究者や海外で活躍する中国人研究者で、日本人研究者も参加している。

これに対して加藤勝信官房長官は一〇月一二日の記者会見で「学術会議が中国の千人計画を支援する学術交流事業を行っているとは承知していない」と述べ、否定的な見解を示した。

また、日本学術会議元会長の大西隆・東京大学名誉教授は、一〇月一五日の野党の合同ヒアリングで、千人計画について「学術会議は全く関わりを持たない。悪質なデマ」と批判。中国科学技術協会と出版物の交換や人的交流を行う覚書を結んだが「覚書に基づく活動の実績はない」とも語った。

甘利氏は一〇月一二日にブログを更新。「積極的に協力しています」との記述を「間接的に協力しているように映ります」と改めた。一四日午後には報道陣の取材に対し、「私にはそう（学術会議が千人計画に協力しているように）見えたが、それが適切でないというならば、そう見えるという風に訂正した」と釈明した。

学術会議と学士院の混同

学術会議と日本学士院（以下、学士院）という、まったく別の組織を混同する主張もなされた。

自民党の長島昭久・衆院議員は一〇月三日、「日本学術会議のOBが所属する日本学士院へ年間六億円も支出されその三分の二を財源に終身年金が給付されている」と会員制交流サイト（SNS）のツイッターに投稿（ツイート）した。自民党の細野豪志・衆院議員は三日、長島氏の投稿を引用（リツイート）して「日本学術会議OBの年金のことは知らなかった。国会議員年金はかなり前に廃止されたが、『学者の国会』の年金は残っていたのか」と書いた。長島、細野両氏とも民主党出身で、ともに二〇一九年七月に自民党会派に入った。

二日後の一〇月五日には、情報番組「バイキングMORE」（フジテレビ）で、同局の平井文夫・上席解説委員が、学術会議会員について「六年働いたら、そのあと学士院に行って、年間二五〇万円年金もらえるんですよ、死ぬまで。皆さんの税金から」と語った。

だが、内閣府の特別の機関である学術会議の出身者が全員、文部科学省の特別の機関である学士院の会員になれるわけではない。文科省によると、学士院会員一三〇人のうち、学術会議出身者は三十数人しかいない。

発言の誤りを指摘する声が、ネット上で相次いだ。平井氏は翌六日、朝の情報番組「とくダネ!」（フジテレビ）で「誤解を一部に与えてしまった」として、「事実を確認させてください。学術会議の会員は学士院の会員に推薦されますが、ならない人もいます」と釈明した。

同日の「バイキング」でもアナウンサーが「誤った印象を与えるものになりました」「補足して訂正いたします。大変失礼いたしました」と陳謝した。

細野氏は三日午後にはツイートを削除し「確認せずに発信致しましたこと、お詫び致します」と謝罪した。長島氏も六日になって「学術会議と学士院を混同させ、学士院会員の終身年金にまで言及し、批判の矛先を逸らす結果を招いたことを反省し改めてお詫びします」と謝罪のツイートをした。

学者団体への「税金投入」

橋下徹・元大阪府知事は一〇月六日、米国や英国の学者団体には税金が投入されていないようだとして、「学問の自由や独立を叫ぶ前に、まずは金の面で自立しろ」とツイッターに投稿した。しかし実際の予算規模と税金投入は、全米科学アカデミーが年間約二一〇億円で、うち八割が公費（一九九七年）。英国王立協会は年間約九七億円で、うち七割弱が公費（二〇一三～一四年）。年間一〇億円の学術会議をはるかに上回る。

指摘を受けて橋下氏は一〇月一二日、「これは説明不足だった」と述べたうえで「アメリカやイギリスでは、日本のように税金で学者団体を丸抱えすることはないが、学者団体に仕事を発注して税金を投入する。日本の学術会議も同じく早く非政府組織となって政府から仕事を受ける団体になるべき」と改めて主張した。

大学総長室に押しかけた

奈良林直・北海道大学名誉教授が、理事を務める国家基本問題研究所（櫻井よしこ理事長）のサイトに一〇月五日付で書いた「学術会議こそ学問の自由を守れ」と題する記事がネット上で拡散した。

奈良林氏は東芝の原子力技術研究所を経て北海道大学教授を歴任。防衛省の安全保障技術研究推進制度に採択されていた北海道大学の研究について、「学術会議幹部は北大総長室に押しかけ、ついに二〇一八年に研究を辞退させた」と書いた。『産経新聞』などに引用された。

しかし実際はそうした事実はなかったことが指摘され、研究所は一週間後の一〇月一二日、「学術会議幹部が総長室に押しかけた事実はありませんでした」と認め、記事を「学術会議からの事実上の圧力で、北大はついに二〇一八年に研究を辞退した」と訂正した。

誤情報が相次ぐ理由

なぜ学術会議に関する誤情報や、ミスリードとみられる主張が、とくに与党政治家や政権支持者らから相次いだのか。

伊藤昌亮・成蹊大学教授は一一月一二日付の『朝日新聞』朝刊「耕論」欄で、「日本学術会議をめぐるフェイクニュースの広がりの基本には、知識人ら文化エリートに対する庶民の不平等感と根強い反感があります」と分析する。

新自由主義の流れの中で格差が広がっていることを背景に「知識人や大手メディアは『上から目線』の特権階級とみなされ、フェイクニュースが彼らを攻撃するための有力な武器となっている」と伊藤氏は指摘。すぐに誤りが判明するような根拠薄弱な情報が、ネット上で広く共有され、拡散していった背景について、「上からの政治家（政治権力）の介入について、フェイクニュースで共鳴し合った庶民が下から支え、知識人やメディアを挟み撃ちするという構図です」とまとめた。

知識人やメディアには、社会に存在する問題に取り組むことに加え、その問題が抱える複雑な状況をかみくだいて説明し、ことの本質をわかりやすく伝える役割が期待されている。学術会議の問題でも、情報の誤りを一つひとつ正す作業に加えて、学問の自由や独立性とはどんな概念で、それが保障されるべきだとされるのはなぜなのか、その考え方をていねいに伝えていく必要がある。

北野隆一（キタノ・リュウイチ）

一九六七年、岐阜県生まれ。朝日新聞編集委員。東京大学法学部卒業後、一九九〇年に朝日新聞社入社。新潟、延岡、北九州、熊本に赴任し、東京社会部デスクを経験。著書に『朝日新聞の慰安婦報道と裁判』（朝日新聞出版）、共著に『フェイクと憎悪　歪むメディアと民主主義』（大月書店）、『祈りの旅　天皇皇后、被災地への想い』（朝日新聞出版）、『徹底検証　日本の右傾化』（筑摩書房）など。

学問の自由と学術会議

木本忠昭
（日本科学史学会会長）

知識と権力

学問の自由は、人類の歴史的財産であり、そしてそれは学問に携わる者（学者）だけでなく、学問に直接関与しない他の社会（構成）人にも影響する社会制度である。

自然やヒト、社会や歴史、総じて世界に関する知識は、長らく権力の支配下にあった。古代エジプト社会では、文字を識り、宇宙を知る知識人は書記として支配者の側にあった。中世のヨーロッパでは、大学での学問は、宗教的権力者の支配論理と思想展開をその使命としていた。近代になっても、独裁者は、学的知識や学問を支配道具の一つとして使った。ナチス・ドイツは、ドイツ人の優秀性を主張する目的で「アーリア」物理学、「アーリア」数学、優生学、「アーリア」科学なるものを「創造」し、アインシュタインを放逐、遺伝学をねじ曲げ、「人種学」なる学問を作り上げ、何百万ものユダヤ人殺戮を合理化しようとした。

しかし、学問は、権力に奉仕するだけでなく、理性に立脚し、自然や人間自身の本性を批判し、世界と政治をも究明する。キリスト教的宇宙観の中から、コペルニクスの地動説や、ガリレオの力学や天文学が生み出され、権力はこれを抑圧し、両者の葛藤が展開した。権力と結びついた大学と大学の学問に対し、自然の本性を究明しようとする学者たちは、「見えざる大学」をつくり、アカデミーに結集、近代科学を作りあげた。大学も「学問の自由」を謳う近代大学への変身が始まった。

「学問の自由」は、何よりもまず社会権力とその権力を支える学問的権威からの自由であり、特定の支配権力に奉仕する学問ではなく、理性にもとづく学問形成を志向するものであった。学問の自由は、大学では大学の自治として近代社会の形成と軌を一にするものであったが、学問が自由な批判力を持つかどうかは、その社会の人々の人権や利益にも影響してきた。

学問の自由の国民的意義

学問の自由は、学者の特権だけではない。たしかに、自由とは個人の自由であり、学問の自由とは思想の自由に裏打ちされて、個々の学者・研究者が何を研究するかにおいての自由を謳ったものである。だが、個人の自由には社会の力関係が反映するように、学問の自由の有無は、国民の利害に反映する。

　学問の自由への抑圧は、第二次大戦前の日本での滝川事件や天皇機関説事件のように、直接国家権力が特定の学問・学説を攻撃する形態だけではない。ドイツ・ナチスの暴力的排斥攻撃がユダヤ人学者に向けられ始めると、その攻撃が自分に及ぶのをおそれる大学が、ナチスの暴力的手法に拠らずに従来の大学自治の枠内で、学者を排除する事態も発生した。学問の自由への攻撃は、学問の批判力を削ぎ、あるいは特定の学問の擁護を目指すものであり、そして思想的社会的攻撃の先兵の役割を果たす。真実を隠蔽し学問の発達を遅らせるならば、それは当然ながら学問・科学を国民の福祉に役立てることをも妨げかねない。

　一例を挙げよう。明治から大正そして昭和にかけて脚気《かっけ》は結核と並ぶ国民病として多くの犠牲者を出していた。その数は明治時代には毎年六五〇〇人から一万五〇〇〇人を記録している。治療法として、高木兼寛が麦食、のち鈴木梅太郎がオリザニンを発明したが、これらは陸軍や東京帝国大学の医学者たちに排斥された。彼らは、脚気菌なる間違った学説を主張する一方、鈴木の薬を「百姓《ひゃくしょう》の薬」と嘲笑するなどその普及を妨げた。

　軍医・森鷗外も、軍とドイツ学問の権威を掲げて白米の優位を主張し、陸軍、海軍や臨時脚気病調査会、そして帝国大学医学部をめぐる医学界の議論は、軍の威光や権力、大学の封建的体質に支配された。結果的に脚気病の克服は遅れ、国民の犠牲は増加の一途を辿った。軍や封建制が関与し、学問の自由と、民主的で自由な科学論争が妨げられると、科学の成果は国民に届かない。自由な科学論争、学問の自由を容認することは、ひとり科学者のためばかりではない。

軍事・民生両用技術(デュアル・ユース)を認める学術会議に

学者の戦後の出発は、何より軍事からの自由であった。それまでは、科学が軍事に支配されただけでなく、滝川事件などの学問弾圧をはじめ、思想上の理由や戦争反対で投獄された学者もいた。戦後平和復興には新しい学問秩序が必要であった。

日本学術会議(以下、学術会議)は発足に当たって「戦争を目的とする科学研究には、今後絶対従わない」こと、一九六七年には「真理の探求の目的のために行われる科学研究の成果が平和のために奉仕すべき」ことを念頭におき、「戦争を目的とする科学の研究は絶対行わない」決意を表明した。そして二〇一七年には、軍事的な手段による国家の安全保障に関わる研究が、学問の自由及び学術の健全な発展と緊張関係にあることから、先の「二つの声明を継承する」ことが表明された。

しかし、自衛隊の増強が進められ、日米安保体制下での軍拡がすすめられた今日、学術会議に対して公然と、「軍事研究を認める学術会議」(井上信治・科学技術相、伊吹文明・元文科大臣ほか）を要求するに至っている。軍備増強を進める防衛装備庁は、二〇一五年から安全保障技術研究推進制度を開始した。国立大学の経常経費は年々削減されて、もはや理系工学系の実験を伴う研究は地方国立大学では困難といわれる。推進制度は、大学から見れば羨ましいばかりの潤沢な資金をもって、大学や民間の研究者の取り込みを謀るもので、その時の仕掛けの口実が、現代の防衛研究は軍・民のデュアル・ユースであり軍も民もない、研究も公開されるというものである。

しかし、推進制度が公表された当時は、軍事側の立場が透けて見えるもので、研究成果公開は無条件ではなくプログラム・オフィサーが研究進捗に関わるなど制約の強いものであった。これが、学術会議の二〇一六年の防衛装備庁の参考ヒアリングを経て、これでは研究者の応募はないとみて、今日では方針が変更されて「公開。進捗チェックはない。特定秘密指定はしない。」などと修正されている。

その上で、軍事技術研究に協力することへの批判は学問の自由を侵すものであると学術会議を攻撃している。学術会議の軍事研究への批判的見解を変更させ、各方面の研究者をこの軍・民のデュアル・ユース技術研究を入口にして軍事研究動員に突破口を開きたいというのが、政府の学術会議攻撃の本音であると見られる。

軍事技術と学問の自由

防衛技術研究推進制度の研究費が増額されるにつれ、研究費不足に悩む研究者の側から、それに呼応する動きも出ている。宇宙の軍事利用でも、一九六九年には「宇宙の平和利用決議」が、衆院にて全会一致で採択された。しかし、二〇〇八年には多くの反対を押し切って宇宙基本法が制定され、防衛目的の宇宙開発利用が可能になった。防衛技術研究の公然とした拡大は、軍事技術の本質や、学問の自由の本質がさらに厳しく問われることにもなった。防衛技術研究参加肯定派は、学問の自由からすべてが許されるべきだという。

しかし、たとえば、「効率的な大量殺人の研究」のようにすべてフリーとは言えまい。倫理上の規範が問われる。一九七一年の史上最も〝残酷な心理学実験〟と称される「スタンフォード監獄実験」は多くの批判を浴びた。遺伝子組み替え研究では、先端研究者自ら研究を一時停止して、研究の妥当性を問う（アシロマ会議、一九七五年）など、研究の自由は常に無批判であったわけではない。原爆を生み出した軍事研究も、こうした倫理的批判から免れる訳にはいかない。

防衛装備庁は、デュアル・ユースを強調するが、防衛装備庁からすれば、軍事目的を持つ目的基礎研究であり、民のすべてを享受できる。民生技術からすれば、軍の目的を外れてまで自由であるわけではない。あくまで軍の枠内での研究を否定できず、軍の秘密は明らかにされないので、その枠がいつ、どう変更されるか、あるいはされないのかは予測できない。秘密の境界そのものも、その有無を含めて秘密で軍側に握られている。自分の研究がいつ軍機密に触れてストップするのか、あるいはしないのかのあやふやさの中にある。

デュアル・ユースは、元来アメリカで軍事技術を民に売り込む論理として使ったもので、日本では逆に軍が民を取り込む論理として展開している。いずれも、研究の対象とされる技術は、「軍拡」のための技術であり、研究協力は「軍拡協力」であることは否定できない。防衛装備庁「装備品の研究開発の方向性」も、「一歩先んじた技術力の保持、技術的優位の確保」を掲げているが、これは軍拡をめざす以外の何物でもない。

「軍縮」が問われている時代に、「軍拡」に与する研究を単に、研究の自由からだけ問題にするだけでは済まないであろう。あらゆる戦争開始は防衛を口実に行われたし、軍事が根本から公開された試しはない。

軍事が秘匿のカーテンで囲われていることは、まさに本稿執筆中にも突きつけられた。イージス・アショア（新型迎撃ミサイルシステム）に代わる長距離ミサイル開発が、敵地攻撃能力を持つことは明らかであるのに、国民への説明には、その能力にはあえて触れない、つまり真の姿は隠すという。

ミクロ的視点では、民生目的で協力するので軍には関わらないと思っても、マクロ的には、「軍拡」に協力する行為であることは否定しようがなく、ここに平和と人類福祉の科学としての倫理的問題を避けることができない。

任命拒否は単なる就職の失敗で、学問の自由の抑圧ではない？

今回の学術会議の会員候補六人の任命拒否は、学問の自由の侵犯ではない、単なる就職活動の失敗だ、自分の学問の自由を奪われた人は一人もいないと、任命拒否を擁護する論者（村上陽一郎氏[1]）もいるという。これほど的外れな議論はなかろう。

会員候補は、まず推薦段階で、学術的基準で候補に選ばれている。そして、それぞれの学術的活動の延長での学術会議での公的な活動が期待されている。会員の任命はいわば形式的であることは国会で承認されているし、長らくそのように運営されてきた。任命拒否は、学術会議の選任を否認することであり、任命拒否の理由が示されないことから候補者達の学術活動の否定ともなる。政府権力の学問活動への明らかな介入である。

菅義偉首相の拒否理由の説明がないものの、拒否された候補者達が、安保法制等の政府政策を批判したことが指摘されている。これが事実ならば、政府批判者は以後任命しないという強力な政府メッセージであることを否定できない。ここから、一般的にも他の多くの研究者に政府の圧力を感じさせ、学問活動全般において「忖度」を生み、学問的萎縮を生じさせかねない。

候補者達には、任命されて学術会議での活動が期待されているはずであるが、任命拒否は、この未来の学問活動を妨害している。その学術会議での活動は、単なる名誉職としての存在ではなく、それまでの個々の学問活動の上に立って更に、総合的・俯瞰的な視野からの学問発展活動及び科学の社会的利用のための発信や政策提言である。こうした活動は、それまでの学問的基盤の上に立っての新たな思索や研究が伴うもので、広い意味での学問活動にほかならない。また、科学と社会の間での研究成果の発信である。

要するに、任命拒否は、個人と組織両方への妨害といえる。この任命拒否で学術会議は第一部の法学関係部門での学問的マンパワーを欠き、その活動が著しい困難に陥っているのである。

村上氏の誤りには、三つの原因がある。一つは、学術会議というものの認識上の誤りである。二つ目は、科学的知識は印刷されて本の中に鎮座しているだけではなく、人（学者）を通じて社会の中で動く（機能する）という視点の欠落である。人の動きを支配することで、科学の機能を操作しようとする（今回の場合は、政府批判的な研究をやめさせようとする）、学問弾圧の新しい形態に対する認識不足とでもいえよう。

もう一つは、法律にも歴史的な法解釈の蓄積がある。村上氏は、その歴史性を無視する。

日本学術会議法には、中曾根康広元首相の答弁や関係当局の解釈の積み重ねがあり、その上に現在の運用がある。村上氏はこれらを無視し、机上で任用者には任用権があるなどと勝手に一般化して法解釈をする。歴史的蓄積を捨象した解釈は歴史的経過を説明し得ないことは明白で、歴史家の最も避けなければならない方法である。

任命拒否問題以外にも、一人の会員が長期間、学術会議会員であったことをもって学術会議が「ある政党に完全に支配され」てきたと、およそ理性的でない中傷をしているが、さすがにこれは、科学史家としての見方が正面から問われている。[2] 実際の学術会議の歴史を見れば、村上氏が言っていると思われる人物が提案した案件が承認されなかったこともあるし、多くは、民間や官庁では観られない民主的で激烈な議論が展開されている。学術会議の歴史は、そんな単純な歴史ではなかった。事物や事象を歴史的に述べるときは、事実を調べるべきである。

1　村上陽一郎・学術会議問題は「学問の自由」が論点であるべきなのか？
https://wirelesswire.jp/2020/10/77680/

2　茂木健一郎「日本学術会議問題についての村上陽一郎先生発言」

https://www.youtube.com/results?search_query= 村上陽一郎 + 学術会議

木本忠昭（キモト・タダアキ）

一九四三年生れ。東京工業大学名誉教授。日本科学史学会会長。九州工業大学卒業。ドイツ・ベルクアカデミー・フライベルク大学院留学、同哲学博士。広島大学助教授。東京工業大学教授。共著に『現代技術論』（有斐閣）、『物質の進化』（三省堂）、『電気の技術史』、編著に『生物としての人間』、共編著に『科学技術史概論』（以上、オーム社）、『現代の技術と社会』（青木書店）など。

第三部 声明

日本科学史学会 会長
歴史学研究会 委員会
日本女性学会 第21期幹事会
大学教育学会
教育史学会 理事会
心理科学研究会 運営委員会
臨床法学教育学会 理事会
女性労働問題研究会 常任委員会
日本スポーツとジェンダー学会 第7期理事会
社会文化学会 運営委員会

政府による学術会議会員候補の任命拒否の撤回をもとめる

日本科学史学会会長　木本忠昭

日本学術会議第二五期の発足に当たって政府は日本学術会議が選出した会員候補のうち六人の任命を拒否した。日本学術会議法に則って科学者の識見にもとづいて選出した候補を政治的立場から拒否する今回の措置は、法や日本国憲法第二三条に規定された学問の自由を蹂躙する行為であり、到底容認できないものである。直ちに六人を任命するよう求める。

日本学術会議は、戦前の学術研究会議、帝国学士院、日本学術振興会を再編して一九四九年に内閣総理大臣の所轄の下、政府から独立して職務を行う「特別の機関」として設立された。

その設立根拠を示す日本学術会議法 前文には、科学が文化国家の基礎であるという確信に立って、科学者の総意の下に、わが国の平和的復興、人類社会の福祉に貢献し、世界の学界と提携して学術の進歩に寄与することを使命とすることが謳われている。

これは、敗戦の荒廃から平和国家の再建という課題を前にした科学者達が、一九三〇年代の天皇機関説事件や滝川事件のような戦前の軍事国家権力による言論の自由や学問の弾圧、あるいは毒ガスや生物兵器の開発、人体実験、殺人光線や原爆の研究、国民総武装兵器の開発研究等々、軍が大学に出入りし強引に科学者を軍事目的の研究に動員して非人道的な研究に向かわせた戦前の体制、戦争への協力を強く反省したことに基づくものであった。そして、この平和と人類社会の福祉に貢献するという前文の理念は、一九五〇年と六七年の軍事目的のための科学研究を行わない声明にまとめられた。二〇一七年には、防衛省が一五年に安全保障技術研究推進制度を導入したのに対して、これらの声明を継承することが表明された。

他方、その設立目的である科学の向上発達を図り、行政、産業及び国民生活に科学を反映することについては、京大基礎物理学研究所など多くの研究所やセンターの設立を提言し、共同利用研究体制の基礎をつくってきたほか、基礎研究の充実や総合性、多様性の確保への努力や科学技術基本計画に向けての提言を重ねてきた。わが国の原子力研究における国の基本姿勢となった民主・自主・公開の三原則の提言は、戦前の学術体制を反省し、国民生活に科学の成果を反映させるという基本姿勢に由来するものであった。

国際的にも、国を代表する機関として国際科学会議（ＩＣＳＵ。二〇一七年、国際社会科学評議会ＩＳＳＣと統合し、国際学術会議ＩＳＣ）をはじめ、多くの科学分野での国外科学組織に加盟、世界の学界と提携して、わが国の科学研究の向上を図るなど、わが国における科学・技術のあり方や振興において大きな貢献をしてきた。

行政的指揮機構からの独立性は、歴史の反省と、科学と社会との当然の関係から、設立当初から謳われてきたものであるが、提言の中には、時として政府施策に批判的なこともあったことは自然でもあった。これに対し、政府は、批判的な意見や姿勢への不満を積もらせ、一九八三年には日本学術会議法を一部改正するなどで学術会議の力を削ぎ、他方では内閣総理大臣の諮問機関として科学技術会議を設置して科学技術政策に関する諮問機関の役割を果たさせるようにした。二〇〇四年の法改正は、学者の総意を結集する「学者の国会」的性格をさらに変質させたが、それでも独立性の保持により科学者間のコミュニケーションを深め、科学発展と成果の利用に必要な客観性、批判性と総合性に立った活動を展開、二〇〇八年以降三〇〇以上の、多くの提言をしてきた。

科学の向上発達を図り、行政、産業及び国民生活に科学を反映（法二条）するという、日本学術会議の社会的機能をさらに強化するためには、その独立性を高め、また民主的なコミュニケーション力を強める必要があろう。科学研究の進展状況と方法は多様であり、思考の自由と柔軟性、言論・思想の自由、科学者間の民主主義的な討論が特段にもとめられるからである。

未知の問題に立ち向かう科学研究や科学的措置に関しては様々な意見があり、科学的成果に関する評価も様々であり得る。そのうちの一部を時の政権が恣意的に排除するならば、多様な意見を交えることによって現行社会のもつ科学的能力の最善を発揮し、必要な結論に到達するという科学的プロセスをねじ曲げてしまうことになる。科学的成果の国民的福祉への貢献方法や可能性についても多様であり、科学的立場からの総合的な判断がもとめられるが、ここにおいても、また科学の成果公開や、言論や研究姿勢の自由と独立的判断、学問内容の独立、そして民主主義的な協力体制が強くもとめられている。

新型コロナウイルスの研究やウイルス対策にも未知の問題にあふれているが、政権の利害に合わないからといって政治的判断基準を導入して、一部の科学者を排除するならば、彼ら科学者に求められている中立的な科学的究明活動は阻害され、結局は国民の期待に添えないことになりかねない。政治的利害あるいは行政的立場からの判断基準は、科学者達の科学的判断基準と一致するとは限らないし、むしろ科学的判断を歪め、結局は科学成果の利用においても国民の利害にも反しかねない。日本原子力発電史での苦い経験、すなわち政治的経済的利害関係に巻き込まれて形成された、いわゆる「原子力ムラ」を基盤に一部の科学者の科学的知見を排除して「安全神話」を展開したが、これが、3・11福島第一原発事故としてどれほどの被害をもたらすことになったかを、そして現在まだ故郷に帰れない多くの国民がいることを忘れることはできない。

学術会議の会員の選出方法は、当初は公選制、一九八三年には学協会からの推薦制、そして二〇〇四年から今日のコ・オプテーション方式に変わった。その会員選考基準は、優れた研究または業績がある科学者であり、それぞれ選出方法には課題があったが、しかしいずれの場合においても行政という別次元からの人事介入は、特定の行政目的への迎合性という基準を科学に持ち込み、科学において最も大事な学問の自由、言論の自由を脅かし、それは研究の方法に影響し、科学者達の民主主義的な議論と姿勢、そして科学の自律的発展を損ない、結局は国民の利害を損ないかねない。

今回の任命拒否は、「法に基づき適正な措置」「総合的、俯瞰的」な措置（菅首相）というが、拒否理由・拒否基準は示されていない。日本学術会議法とは別の選考基準があるとすれば、それは明示されなければ説得性をもちえず、むしろ日本学術会議法に反した政治的人事介入といわざるを得ないことになる。こうした政治的人事介入は、自主的で自由な学問的活動を妨害するものであるが、拒否理由の説明がないということは、結局は歴史的に比をみない野蛮な公文書破棄まで生んだ「忖度」政治を科学界にまで持ち込もうとする狙いを疑わせざるをえない。科学研究は未知への挑戦であるが、それは同時に科学者自らを含めての学問的社会的権威への挑戦でもある。学問の自由が抑圧され、「忖度」が蔓延するならば、社会的・学問的権力・権威に立ち向かい、未知を切り開く科学界における民主主義的で自由闊達な議論と進取の気風は阻害されかねない。そうなれば、長期的に見ても、未知に立ち向かう科学者の力を削ぎ、社会の「科学的能力」を損なうことに繋がり、国民の利益追求の力をも弱めかねない。

今回の政府による措置はひとり日本学術会議にのみならずひろく科学界、国民生活にも害をもたらすものとして強く憂慮するもので、早急に任命拒否を撤回し、六人の任命をもとめるものである。

なお、一〇月九日、菅首相は、日本学術会議が提出した一〇五人の推薦リストは見ていない、見たのは（すでに六人が除外された）九九人のリストである、と説明した。事実であるならば、「総合的、俯瞰的」判断をしたと言うこと自体が疑われ、公文書改竄の疑義さえ出てくる。日本学術会議会長の推薦文書提出から九九人の任命決裁までのプロセスと、六人の拒否理由の正確な説明がもとめられる。

（二〇二〇年一〇月一一日）

政府の日本学術会議会員任命拒否に断固抗議する緊急声明

歴史学研究会委員会

一〇月一日、日本学術会議第二五期の発足にあたり、同会議が推薦した新会員候補一〇五名のうち六名の任命を、政府が拒否したことが明らかとなった。現行制度下で、初の事態である。

今回の政府の対応は、同会議の職務の独立を定める日本学術会議法の趣旨に反するのみならず、学問の自由を著しく侵害し、科学者の自律した研究活動を委縮させ、ひいては言論の自由や思想・信条の自由といった民主主義社会の根幹をも否定しかねないものである。学問の自由と独立が否定され、国民統制と戦争協力に動員された過去の歴史を想起する時、今回の措置が将来に大きな禍根を残すことが強く懸念される。

以上から、政府による任命拒否に断固抗議する。また、時の政権の恣意によって任命拒否が行われるのではないかとの社会の疑念を払拭するためにも、政府に対して、任命が見送られている新会員候補のすみやかな任命と、任命を見送った経緯についての明確な説明を要求する。

そして、この問題の解決に向け、立場や専門の違いを越えた、広汎な連帯を呼びかけるものである。

（二〇二〇年一〇月三日）

日本学術会議会員任命拒否に関する声明

日本女性学会 第二一期幹事会

一〇月一日、日本学術会議が新会員として推薦した一〇五名の研究者のうち六名が、理由を表明されることなく内閣総理大臣により任命されなかったことが明らかになりました。任命拒否の理由はいまだ明らかにされていませんが、研究に対する評価に関して学術会議の推薦者以上に合理的な判断をできる者がいるのかと考えれば、拒否の理由はきわめて「恣意的」なものであり、日本学術会議の独立性に対する政府の干渉・介入と考えざるを得ません。

今回任命を拒否された研究者は、すべて第一部「人文・社会科学」に属すべき研究者であり、人文・社会科学研究に従事する研究者を多く抱える日本女性学会としても容認できない事態です。

一九八四年の日本学術会議法改正直後に出された「日本学術会議憲章」では、同会議は「地球環境と人類社会の調和ある平和的な発展に貢献することを、社会から負託されている」として、その義務と責任を果たすために、「公共政策と社会制度の在り方に関する社会の選択に寄与する」ような勧告や見解の提示（同憲章第三項）、あるいは「次世代の研究者の育成および女性研究者の参画を促進」（同憲章第四項）する活動をおこなうものとされています。

この「憲章」の趣旨にのっとり、日本学術会議は、ジェンダー問題に関して二〇二〇年九月にも以下の三つの提言を発出するなど極めて活発に提言を行ってきました。

（1）提言『同意の有無』を中核に置く刑法改正に向けて――性暴力に対する国際人権基準の反映――」
http://www.scj.go.jp/ja/info/kohyo/kohyo-24-t298-5-abstract.html

（2）提言「性的マイノリティの権利保障をめざして（II）――トランスジェンダーの尊厳を保障するための法整備に向けて――」
http://www.scj.go.jp/ja/info/kohyo/kohyo-24-t297-4-abstract.html

（3）提言「社会と学術における男女共同参画の実現を目指して――二〇三〇年に向けた課題――」
http://www.scj.go.jp/ja/info/kohyo/kohyo-24-t298-6-abstract.html

このような提言は時に、政府の政策・制度の不備、不作為を厳しく批判するものでもありました。

しかしながら、現憲法の第二三条において「学問の自由は、これを保障する」と学問の自由が保障されているのは、明治憲法下において政府により学問の自由が侵害された結果、無謀な戦争により多くの人々の犠牲をもたらしたことへの反省をもとにしたものです。この意味において、学問の自由とは、政府に対する一定の批判力を持つことにこそ、その意義があるとも言えるでしょう。

日本学術会議に対するこのたびの政府の人事介入は、政府による政策・制度の不備、不作為を指摘する活動を鈍らせ、戦後多くの努力のもとに培ってきた民主主義と人権尊重という価値観を否定する危険性をはらむものです。また、その結果として、社会的少数者の置かれた環境や社会的状況の改善が、一層困難となることも懸念されます。

わたくしたちは、今回の日本学術会議会員被推薦者に対する任命拒否という事態について、政府がその拒否の「理由」を明らかにすることを求めます。そして、「学問の自由」を保障した日本国憲法や日本学術会議法など国内法に則り、その「理由」の正当性の欠如が明らかになった場合には、速やかに被推薦者六名の任命を行うとともに、日本学術会議および学問領域に対する政府からの「独立性」を改めて明言されるよう要求します。

(二〇二〇年一〇月八日)

日本学術会議第二五期新規会員任命に関する大学教育学会からの緊急声明

一般社団法人大学教育学会

今般、菅義偉内閣総理大臣は日本学術会議第二五期新規会員候補一〇五名の内、六名についてその任命を拒否しました。その理由についても明らかにしていません。日本学術会議法は第三条に日本学術会議の独立性を謳い、第一七条にそれを担う会員を推薦する基準を「優れた研究又は業績がある科学者」と規定しています。内閣総理大臣が優れた研究又は業績を評価する権能を持たないことは言うまでもありません。それゆえにこそ、同法第七条第二項に「会員は、第一七条の規定による推薦に基づいて、内閣総理大臣が任命する」と規定されています。今回の措置は同法の定めるところに明らかに違反しています。内閣総理大臣によるる今回の判断は日本学術会議の独立性を脅かし、ひいては日本国憲法第二三条に規定される学問の自由を危うくするだけではありません。それはそもそも自由と民主主義に基づく社会の健全で持続可能な発展にとって不可欠である知的活動の自律性とそれによる知的活動の多様性に対する配慮を全く欠き、社会の根幹を揺るがしかねないと言わざるを得ません。なぜならば、本来自由とは知性の自律と多様性の尊重があってはじめて実現できるからです。本学会は日本社会全体の知的自律性と活力の向上を実現する大学教育の多様な可能性を研究・開発する団体であります。大学が社会からの付託に応えるべく、学問と教育を発展させるためには、知的自律性に対する配慮が不可欠です。

本学会は今回の事態を、大学の学問の自由や大学教育の発展、ひいては日本社会の健全な発展を危うくする重大事として、深く憂慮いたします。

以上により、大学教育学会は、内閣総理大臣に対して以下のことを強く要望いたします。

1　日本学術会議が本年八月三一日付で推薦した会員候補のうち、任命されていない六名の方々について、任命見送りの判断をした理由及び経緯を、日本学術会議法に照らし合わせて明らかにすること。

2　上記六名の方々の任命見送りを撤回し、速やかに任命すること。

（二〇二〇年一〇月八日）

日本学術会議への政治介入にかかわる教育史学会理事会声明

教育史学会代表理事　米田俊彦（お茶の水女子大学）

教育史学会理事会は、菅義偉首相が日本学術会議の新たな会員に推薦された者の内の六名の任命を拒否したことに対して強く抗議し、被推薦者全員の即時任命を要求する。

日本学術会議法は、政府からの独立性を担保するために、会員を推薦する基準を「優れた研究又は業績のある科学者」と規定している。内閣総理大臣が多種多様な学術研究の優劣に立ち入る権能を持ちえないことが明らかである以上、今回の措置では個々の学者の政治的・社会的な発言や活動が基準とされたと考えざるをえない。

「令和の滝川事件」とも称される今回の措置は、一九三三年に文部大臣が滝川幸辰京都帝国大学教授を「赤化教授」との評判に基づいて休職処分とした事件や、一九三五年に当時の学会の通説（天皇機関説）を「不敬」とする声に押されて文部省が美濃部達吉東京帝国大学名誉教授の著書を発禁処分とした事件を思い起こさせる。当時の政府・文部省は強権的措置により学問の自由を抑圧した上で、一九三六年の日本諸学振興委員会設置、一九三九年の科学研究費創設、一九四五年には学術研究会議への研究動員委員会設置などを通じて、「国策」に役立つ「国家有用」の研究だけを選択的に「振興」する体制を整備した。

学術研究会議の後身である日本学術会議が政府からの独立を原則としているのは、戦前・戦中の学界が「国策」に全面協力したことへの痛切な反省に基づいている。学術会議は創設翌年の一九五〇年には「戦争を目的とする科学の研究は絶対にこれを行わない」という声明を発し、二〇一七年には「学術研究がとりわけ政治権力によって制約されたり動員されたりすることがあるという歴史的な経験をふまえて、研究の自主性・自律性、そして特に研究成果の公開性が担保されなければならない」として「軍事的安全保障研究」に反対する旨の声明を発表した。時々の政権による学術研究への介入は、たとえ直接の標的対象が限定されていたとしても、日本国憲法に定める「学問の自由」を決定的に損ない、学界全体を萎縮させる効果を持つ。さらに、学校教育や社会全般における自由な文化と表現の抑圧につらなる行為としても看過できない。

教育史学会理事会は教育史学の発展をもって貢献するべき日本学術会議協力学術研究団体の一学会として、政権による日本学術会議への政治介入に反対する旨、ここに決議する。

（二〇二〇年一〇月四日）

日本学術会議第二五期新規会員候補者の任命拒否に関する緊急声明

心理科学研究会運営委員会

一〇月一日、菅義偉内閣総理大臣は、日本学術会議が推薦していた第二五期新規会員候補者一〇五名のうち六名の任命を拒否しました。日本学術会議は、任命されない理由の説明と速やかな任命を求める「第二五期新規会員任命に関する要望書」を一〇月二日に菅内閣総理大臣宛に提出していますが、その後も、政府の任命拒否の方針は変わらず、具体的な理由の説明もなされていません。

これまで、日本学術会議内の選考手続きを経て推薦された新会員候補者が、その推薦に基づいて会員に全員任命されてきました。一九八三年五月一二日の参議院文教委員会では、「推薦に基づいて、内閣総理大臣がこれを任命する」という日本学術会議法の条文の解釈について、それが「形式的な任命行為」であることが確認されています。今回の任命拒否は、こうした歴史的経緯に照らして唐突なものであると言わざるを得ません。そして、同法の定める「独立して」職務を遂行するという日本学術会議の自律性や日本国憲法の定める「学問の自由」を脅かすものであり、すでに科学者コミュニティ及び国民の間に無用な分断をもたらし始めています。

心理科学研究会は、研究者の研究条件の改善、研究諸機関、諸組織の民主的運営をめざした活動、平和と民主主義を守るための活動等を会則に掲げている、日本学術会議協力学術研究団体の一つです。心理科学研究会運営委員会は、民主主義の根幹とも言える対話によるコミュニケーションが、政府と日本学術会議との間で十分に行われないまま、今回の任命拒否に至っている事態を深く憂慮します。政府が六名の任命を拒否している具体的かつ明確な理由について直ちに説明を行うこと、そして、任命されていない六名の会員候補者全員を速やかに新規会員として任命することを強く求めます。

（二〇二〇年一〇月一〇日）

日本学術会議会員任命に対する抗議声明

臨床法学教育学会理事会理事長　須網隆

菅義偉内閣総理大臣による、日本学術会議会員候補六名の任命拒否は、日本学術会議法に反する違法な行為であり、憲法の保障する「学問の自由」を脅かし、ひいては学問の向上発達による利益を享受する国民の利益を損なうものである。

日本における法曹養成のための臨床法学教育の研究と実践を発展させるために設立され、法学研究者と法律実務家により主に構成される臨床法学教育学会理事会は、二〇二〇年一〇月六日理事会決議に基づき、これに強く抗議し、菅内閣総理大臣に対し、

1　候補者の任命拒否に至った経緯・理由を明らかにするとともに、

2　任命を拒否された当該会員候補六名を日本学術会議会員として速やかに任命すること、を求める。

(一)　任命拒否の違法性

日本学術会議法第七条第二項は、内閣総理大臣の任命権を規定するが、具体的な会員の任命は、第一七条による「推薦に基づいて」なされる。そして、第一七条はその推薦の基準を、「優れた研究又は業績がある科学者」とするが、当該候補者に優れた研究又は業績があるか否かの審査能力が内閣総理大臣にないことは明らかである。

そうすると、会員として任命されるべきか否かの実質的な判断は、学術会議の推薦の段階で行われるので

あって、内閣総理大臣がこれを個別に判断することを法は予定していない。

このことは、第二六条が、会員として不適切な行為があったことを理由とする退職の場合にも、学術会議の「申出」があることを前提としていることからも裏付けられる。なお、会員本人からの病気その他やむを得ない事由による辞職の申し出があった場合ですら、内閣総理大臣がこれを承認するためには学術会議の同意が必須とされている（第二五条）。

そもそも、第三条は、学術会議が「独立して」その職務を行うとし、学問の自由が侵害された歴史的経緯や学問の自由の重要性に照らし、その自律性・独立性を強く保障しているのであって、会員資格に関する実質的判断は学術会議にのみなしうるという解釈が正当である。

今回の六名の任命拒否に際して、日本学術会議から、内閣総理大臣宛に当該六名の候補者を速やかに任命すべきとの要望書が発出されていることから、学術会議の意思決定に反することは明らかであり、任命権の存在に由来する任命裁量権を根拠としたと思われる、今回の任命拒否は、日本学術会議法第七条第二項に反する違法な行為である。

(2) 任命拒否の経緯・理由が明らかにされるべきであること

日本学術会議の目的は、「科学の向上発達を図り、行政、産業及び国民生活に科学を反映浸透させること」（第二条）であり、この目的を達成するために職務の独立性が強く保障されている（第三条）。

科学の領域における基準で、独立して職務を執行できるからこそ、当該会議は、質の高い、多様なバックグラウンドを持つ研究者らによる自由闊達な議論を通して、今後の社会の発展に資する選択肢を提示するという役割を果たしうる。

すなわち、日々科学に真摯に取り組む科学者同士が、時に対立しながら、純粋に科学の向上・発展のために何が必要であり、重要であるかを議論し、判断していくことが、科学の発展・向上に最も資する。このような議論に、例えば政治的判断などの、科学とは無関係の他の基準が取り込まれた場合には、科学とは異質な理由によって結論が左右されることとなり、科学的知見・根拠に基づく最善の提案がなされないことになりかねない。さらに、このような異質な基準が取り込まれることにより、本来なされるべき科学的知見に基づく議論の機会自体が失われるおそれすらある。このような事態は、多様な意見を踏まえた議論から大きく発展していく学問にとって、その発展・向上がむしろ阻害される可能性、より良い科学的な根拠に基づく選択肢を提示しえたのに、できないという危険性を生じさせる。だからこそ学術会議の独立性は強く保障されるのである。

会議の推薦する優れた研究又は業績がある科学者が、恣意的に会員から除外されることは、会議の活性化を妨げるに止まらず、研究者らが純粋に学問的見地から様々な提言等の活動をすることを萎縮させる。このことは、学問の発展を阻害し、ひいては社会の利益に反する結果をもたらしかねない。上述したように、今回の内閣総理大臣の任命拒否は、日本学術会議法違反であり、このような行為が繰り返されることがないよう、その経緯・理由が明らかにされなければならない。

(3) 当該候補者六名は速やかに日本学術会議の会員として任命されるべきであること

日本学術会議法第七条は、会員数を二一〇人と規定しているが、現状、会員数が定員に満たない状況が継続している。違法な任命拒否の結果として、法の予定する定員を欠く状況が継続している上、今後の会議の活動に支障を生じさせる懸念もある。よって、これを是正するために、任命を拒否された当該六名の候補者を速やかに会員に任命すべきである。

（4）以上の通りであって、本学会理事会は、菅内閣総理大臣に対し、1任命拒否に至った経緯・理由を明らかにするとともに、2任命を拒否された当該会員候補六名を日本学術会議会員として速やかに任命することを求めるものである。

以上

（二〇二〇年一〇月六日）

「日本学術会議」への学問の自由を侵害する政府の介入に抗議します

女性労働問題研究会常任委員会一同／同研究会代表・竹信三恵子

私たち「女性労働問題研究会」は、会員に、男女の社会科学系の学会員、研究者、弁護士、ジャーナリスト、公務員、教員、企業の労働者、各分野のフリーランサー、退職者などを擁し、「女性労働、女性問題を科学的に解明することを目的とし、（中略）生涯をとおしたエンパワーメントをめざす」（規約第三条より）七〇年の歴史をもつ研究団体です。

女性労働問題研究と関係が深い「社会政策学会」の会員が多いことから、「日本学術会議社会政策関連学会協議会」に登録し、担当委員を送っています。

このたび、菅首相が日本学術会議選考委員会の議を経て推薦された次期会員のうち六人の任命を、理由も示さず拒否をしたことには、怒りを禁じ得ません。

日本学術会議の会員の任命に総理大臣が監督権を行使し、意のままにするということでは、日本学術会議はもはや政府に対して提言し、勧告する独立した機関としての性格を失ってしまいかねません。そのような事態を招く今回の措置は、日本学術会議の存続を危うくし、学問の自由を脅かすことにつながるものです。学問は本来、批判的性格を持つものであり、それでこそ独立した提言も成立することができると私たちは認識しています。

さらに当研究会は、菅政権の今回の介入が、政府が掲げてきた「女性活躍」の真の実現をも妨げるものと考えます。

現場で働く女性と研究者が連携し、女性の人権にもとづいた働きやすい社会を作ることを目指してきた当研究会は、さまざまな研究活動を通し、女性労働に対する軽視や蔑視を取り払うことなしに女性の活躍はないことを実証してきました。そうした活動は、先入観を排し、忖度なく実態に即した研究ができる自由と、これをもとに率直に政府に政策提言していける条件の保障なしではありえません。また、そのような研究と提言なしに女性が真に活躍できる政策作りは困難です。

右記*の理由から、当研究会は、今回の介入を直ちに取り下げていただくよう、強く政府に要請します。

（二〇二〇年一〇月六日）


*原本では「上記」。

日本学術会議会員の任命拒否に対する声明

日本スポーツとジェンダー学会 第七期理事会 会員有志

二〇二〇（令和二）年一〇月一日、日本学術会議が新会員として推薦した一〇五名の研究者のうち六名が、任命を拒否されたことが明らかになりました。日本学術会議は総会決議にもとづき、翌日付で任命拒否の理由の説明および任命を拒否された候補者を速やかに任命するよう求めました。

日本学術会議は「独立して…職務を行う（日本学術会議法三条）」と定められ、そのための会員の選考は「優れた研究又は業績がある科学者の内から会員の候補者を選考（同法一七条）」し、その「推薦に基づいて、内閣総理大臣が任命する（同法七条二項）」とされています。この選考方法は、人文・社会科学、自然科学の学問分野にとらわれず（総合的）、研究者や学会の個別の利害にもとらわれない（俯瞰的）活動を可能にするために、数度の見直しを経て、確立されてきました。これまでは、日本学術会議に設置された選考委員会によって推薦された研究者は一人も欠けることなく任命されてきました。それは一九八三（昭和五八）年に政府が国会答弁によって国民に示した方法です。この答弁で当時の中曽根内閣総理大臣は「学会やらあるいは学術集団から推薦に基づいて行われるので、政府が行うのは形式的任命にすぎません」と述べたことが記録されています。

しかし、今回の会員の任命拒否は、一九八三（昭和五八）年の国会答弁とは異なるものであり、前提とされてきた日本学術会議の独立性を毀損するものとなっています。

日本学術会議の独立性は、この組織が設立された歴史的経緯に関わる重要な問題です。先の大戦の戦前・戦時期の日本では、政府の方針にそぐわない学説やそれを唱えた研究者が弾圧されました。その反省を踏まえ、憲法には「学問の自由」を保障する二三条があります。日本学術会議が「独立して…職務を行う」とされているのは、この憲法における定めにもとづきます。これにより、たとえ政府の見解や方針と一致していなくても、科学的根拠にもとづき、研究者が様々な考え方を自由に示すことを通じ、将来にわたって国民に資する政策を模索することができます。

一〇月二日以降の記者会見や国会閉会中審査などの場において、政府関係者は「総合的、俯瞰的活動を確保する観点から判断をした」と述べています。この言葉は、日本学術会議のあり方を説明したものであるかもしれませんが、肝心の任命拒否の具体的根拠を説明したものではありません。六名を任命することが、なぜ、どのように総合的、俯瞰的な活動を阻害すると判断したのか、またその判断の基準は何かについて、現時点では研究者のみならず、国民が理解し納得できる説明はなされていません。さらに、菅内閣総理大臣自身は推薦者一〇五名全員が記載された状態の名簿を目にすることなく、手続きが進められたことも明らかになっています。具体的根拠や手続きが不明瞭なまま、「優れた研究又は業績がある」との明確な基準を設けて選考がなされた六名を欠くことは、かえって日本学術会議の総合的、俯瞰的活動を確保することを困難にします。

日本スポーツとジェンダー学会は、体育やスポーツを主な対象領域として、権力による抑圧と支配の構造をジェンダーの視点から検討し、あらゆる違いに関わらず人々が平等で尊重される社会をめざす研究を世に問うことを目指してきました。このような研究の性格上、政治的権力からは距離を置いた視点に立つことを通じ、より良い未来を模索するための科学的根拠を提示することもあり得ます。その意味で、日本学術会議の会員任命拒否の問題は、私たちの学問がめざしていることと無縁ではないと受け止めています。

以上から、日本スポーツとジェンダー学会理事会および会員有志は、日本学術会議総会決議に基づく要望書を支持し、任命拒否の経緯や具体的根拠理由が説明されるとともに、任命を拒否された候補者を速やかに任命することを求めます。

なお、政府関係者および一部の報道等は、日本学術会議の意義への問いかけ、予算および機構を見直そうとする見解を示しています。組織のより良いあり方を常に見直すこと自体は否定されるべきことではありません。しかし、推薦された六名の会員の任命拒否に関する議論と組織の見直しの議論は、それぞれ目的が異なる別の議論です。

日本学術会議に限らず、既存の組織を見直す場合には、正確かつ透明性のある情報にもとづき現状を把握し、議論がなされることが何よりも重要です。それにも関わらず、これまで日本学術会議に支出されてきた予算の使途、会員や連携会員が自費を投じて提言の作成に尽力してきたこと、日本学術会議が企画するシンポジウムの登壇者は実質的にはボランティアで専門的知見を述べてきたこと等、実態に対する正しい情報は、必ずしも国民に伝わっているとはいえません。むしろ誤った情報が流布される事例も目につきます。

また、日本学術会議が提言や記録などを通じ、政策策定に資する様々な情報を政府や国民に提示してきたこと、その中には政府が実際に進めてきた政策の重要な資料となるものがあること等、日本学術会議の果たしてきた役割が正しく伝えられていない現状もあります。テーマ毎に複数の領域の研究者によって構成された委員会・分科会等の議論にもとづき作成された提言や報告は、さらに幅広い視点での査読を経て、日本学術会議のホームページから常に国民に公開されています。[1] 参考資料として本学会の専門分野に関係する提言、記録、活動等を例示しておきます。これらをどのように政策に反映させ、実現するかについては、政府の関係省庁に委ねられています。

日本学術会議の予算および機構を見直す議論に資する資料としては、二〇〇三（平成一五）年第一八期日本学術会議国際協力常置委員会による詳細な調査報告書[2]があります。この報告書の意義は「世界のアカデミーの組織・付与機能・活動等を知る上での客観的資料として、日本学術会議の内外で、学術の在り方と21世紀社会における学術体制および国際協力の枠組みを構築するための広範な議論に資すること」とされています。報告書には、会員への報酬のあり方、科学者数に対する会員の割合、女性会員の比率、政府・議会に対する助言機能、組織を支える事務局の規模、予算規模等について国際的に比較した結果が示されています。

こうした調査報告書を参照し、追補する調査を進めつつ、日本学術会議については、設立時の日本固有の歴史的経緯を踏まえる必要があることについては、改めて強調しておく必要があると考えます。

（二〇二〇年一〇月二五日）

1　http://www.scj.go.jp/ja/info/index.html
2　http://www.scj.go.jp/ja/info/kohyo/18pdf/1813.pdf

〈参考資料〉

以下に、体育・スポーツに関わる提言、記録、活動等を例示します。政策に反映されるまでにタイムラグが生じることもあるため、過去約一〇年程度のものを示します。また、ジェンダーに関する二〇二〇（令和二）年に出された直近の三件を示します。

〈体育・スポーツに関わる提言、記録、その他の活動〉

■二〇二〇（令和二）年六月一八日
スポーツ庁鈴木大地長官発、日本学術会議山極壽一会長宛「三〇 ス庁第四七四号（平成三〇年一一月一五日）」の審議依頼にもとづく回答「科学的エビデンスに基づく『スポーツの価値』の普及の在り方」
http://www.scj.go.jp/ja/info/kohyo/division-8.html

■二〇一九（平成三一）年一月一二日
緊急公開シンポジウム二〇一九「我が国におけるスポーツの文化的アイデンティティ再考」（第一部 博物館とのつながりがもたらすスポーツ文化の未来、第二部 SportInJapan：体育・スポーツの危機と闇に対峙する）日本学術会議健康・生活科学委員会健康・スポーツ科学分科会、日本スポーツ体育健康科学学術連合、（一社）日本体育学会共催
http://www.scj.go.jp/ja/event/pdf2/269-s-2-1.pdf

■二〇一七（平成二九）年九月二二日
記録「ユネスコ『体育・身体活動・スポーツに関する国際憲章』の監訳及びシンポジウムの開催」

http://jaaspehs.com/wp/wp-content/uploads/2018/11/20170922_2-20170922.pdf

この監訳は、文部科学省サイトにも掲載されている。（https://www.mext.go.jp/unesco/009/1386494.htm）

■二〇一七（平成二九）年七月一一日

提言「子どもの動きの健全な育成をめざして～基本的動作が危ない～」

http://jaaspehs.com/wp/wp-content/uploads/2018/11/20170711kohyo-23-t245-1.pdf

■二〇一一（平成二三）年九月二日

記録「現代社会における諸問題の解決に貢献する健康・スポーツ科学の新展開―一二〇歳まで元気に生き抜くための身心一体科学の提唱」

http://jaaspehs.com/wp/wp-content/uploads/2018/11/20110902_2-110902-2.pdf

■二〇一一（平成二三）年九月二日

記録「健康・スポーツ科学関連分野の学術研究団体における男女共同参画に関する調査結果（第二報）

http://jaaspehs.com/wp/wp-content/uploads/2018/11/20110902_2-110902.pdf

■二〇一一（平成二三）年八月一六日

提言「子どもを元気にする運動・スポーツの適正実施のための基本方針」

http://jaaspehs.com/wp/wp-content/uploads/2018/11/20110816_kohyo-21-t130-5-1.pdf

■二〇〇八（平成二〇）年九月一一日
記録「健康・スポーツ科学関連分野の学術研究団体における男女共同参画に関する調査結果」
http://jaspehs.com/wp/wp-content/uploads/2018/11/20080911_2-0911.pdf

■二〇〇八（平成二〇）年八月二八日
提言「子どもを元気にするための運動・スポーツ推進体制の整備」
http://jaspehs.com/wp/wp-content/uploads/2018/11/20080828_kohyo-20-t62-10.pdf

〈ジェンダーに関わる二〇二〇（令和二）年の提言〉

■二〇二〇（令和二）年九月二九日
提言「社会と学術における男女共同参画の実現を目指して—2030年に向けた課題—」
http://www.scj.go.jp/ja/info/kohyo/pdf/kohyo-24-t298-6.pdf

■二〇二〇（令和二）年九月二九日
提言「同意の有無」を中核に置く刑法改正に向けて—性暴力に対する国際人権基準の反映—
http://www.scj.go.jp/ja/info/kohyo/pdf/kohyo-24-t298-5.pdf

■二〇二〇（令和二）年九月二三日
提言「性的マイノリティの権利保障をめざして（II）—トランスジェンダーの尊厳を保障するための法整備に向けて—」
http://www.scj.go.jp/ja/info/kohyo/pdf/kohyo-24-t297-4.pdf

「6名は　あなたであり　わたしなのです」

佐川亜紀
（日本現代詩人会理事）

表現の自由を守ることが戦後女性詩人の出発点

日本学術会議は、一九四九年に発足し、戦争中の学術の在り方の反省の上に設立されたそうだが、その六年後に、詩人・茨木のり子は「いちど視たもの――一九五五年八月十五日のために――」という詩を発表した。

いちど視たものを忘れないでいよう
（略）
なにひとつ信じてしまってはならない
のであり
がらくたの中におそるべきカラットの
宝石が埋れ

歴史は視るに値するなにものかであった

夏草しげる焼跡にしゃがみ
若かったわたくしは
ひとつの眼球をひろった
遠近法の測定たしかな
つめたく　さわやかな！

たったひとつの獲得品
日とともに悟る
この武器はすばらしく高価についた武器

（「いちど視たもの」部分。『茨木のり子詩集』）

敗戦当時一九歳で、学徒動員で東京都世田谷区の海軍療品廠で働いていた茨木は、焼跡で「なにひとつ信じてしまってはならない」と実感し、歴史を視るのに「遠近法の測定たしかな」「ひとつの眼球をひろった」と語っている。戦時中は、大本営が発表するいつわりの戦勝報道におどらされ、アジアを軽んじて傲慢に支配し、アメリカやイギリスを鬼畜とまでゆがめて視た。それをあらため、高価な犠牲を払った焼跡のなかで近視眼的ではない「遠近法の測定たしかな」「ひとつの眼球」を、自分の眼を持とうとした決意を述べている。茨木のり子は有名な作品「わたしが一番きれいだったとき」で、青春も街も恋人も奪われた口惜しさと、二度とこのような悲惨な戦争を繰り返してはならないと誓った。女性詩人たちは戦争中に近親の命と表現の自由を奪われた憤りと後悔から出発した。

それゆえ、自由への危機が近づいてきたら、今度こそ「否」といおうと、批評精神を高めてきた。アジア、アフリカの詩人とも文学交流を重ね、詩集『場所』『仮面の声』などを刊行した高良留美子も戦後の希望が、人間性を回復するものであったことを示している。

かれらは自分たちの未来に
近づいてくる危機を予感していた。
そのときにこそ否というために
かれらはこの時代の無を生きたのだ
かれらは陽気な廃墟から生まれた
はじめての人間だったから。

（「新しい時代」部分『高良留美子詩集』）

石川逸子《いつこ》は、『千鳥ケ淵へ行きましたか』『ヒロシマ連禱』『ゆれる木槿花』『ロンゲラップの海』などの詩集を刊行し、『ヒロシマ・ナガサキを考える』というミニコミ誌を百号まで発行した。今回の任命拒否に「6名」という詩で抗議している。

6名

石川逸子

日本学術会議が推した新会員中　6名を
任命拒否し　抗議も無視する　菅首相

6名とも　最近の国の政策に異議を唱えたひとたちです
かつて戦争協力したことへの反省から
誕生した学術会議
任命拒否は
その昔に戻すぞ　との

わたしたち人民への明らかな果たし状ではありませんか

特定秘密保護法
安全保障関連法
名護市辺野古の米軍基地建設
「共謀罪」を含む改正組織処罰法
これらに反対する学者の呼びかけ人
あるいは賛同人になった学者
抗議の声明を発した学者
国会の参考人質疑で批判した学者

政府の意のままに　学術会議を従わせ
アメリカの忠実な僕となって
軍事研究を行わせたいために
従わないものは　冷酷にバッサリ斬る

かたや　携帯の値下げ　不妊治療への賛助
若者たち　女性たち　へ　媚びを売れば
支持率は上がる　何ほどのこともないわ　と
高をくくられるほど
わたしたちは　愚かで無力だと思われているのでは?

6名は　きっと　あなたであり
わたしなのです
わたしたちの首を絞める　手が
すぐそこまで　スウッと伸びてきています

堀場清子は、広島の被爆に対する日米政府の隠蔽と責任逃れについて史実調査をもとに告発し、沖縄女性史を探究し、福島原発事故後にも『「一億総懺悔」の国に生きて』を書いて、責任を追及しない心性からの解放を訴えた。

権力なき弱者のみが懺悔する

奇妙な社会の特殊性から
この不幸な機会に　脱却しようではないか
問うべき責任を問わず　ひたすら沈黙する習性から
今こそ　自己を解き放とうではないか

（「『一億総懺悔』の国に生きて」部分。『堀場清子全詩集』）

朝鮮の文学者たちも翼賛体制で表現を弾圧された

日本のファシズム体制は、当時、植民地だった朝鮮の文学者たちにも自分の文学をねじまげ、日本を賛美するように強要した。李光洙《イグァンス》は、日本に留学し明治学院で学び、朝鮮初の長編小説を執筆した近代文学の開祖である。一九一九年には、「二・八独立宣言書」を起草した。しかし、一九三七年に逮捕収監され、出獄後三九年から親日活動に加わり、学徒兵勧誘演説をし、一九四五年の朝鮮解放後は、反民族行為処罰法で裁かれた。ともに、近代文学を興した詩人・崔南善《チェナムソン》は、最初の総合誌『少年』を創刊し、一九一九年には三・一独立運動の独立宣言書を起草した。だが、起草責任者として逮捕され、しだいに翼賛的になり、解放後にはやはり反民族行為者とされた。独立運動に主体的に関わった「二人が民族反逆者として裁かれる身になるなど、いったい誰が想像しただろうか」という韓国近代文学研究者であり新潟県立大学名誉教授の波田野節子の言葉は痛切だ。

詩人・尹東柱《ユンドンジュ》は、朝鮮語で自作を書き続け、日本に留学した際、独立運動に関与したとして一九四三年逮捕され、解放間際四五年二月に福岡刑務所で、二七歳で獄死したことも日本で忘れてはならない酷い史実だ。現在、日本で学ぶ留学生にとっても、今回の任命拒否が学問の自由を圧迫し、多様な研究を阻害することが懸念される。

私たちの税金を文化・研究発展のために使おう

コロナ禍でフランスやドイツでは芸術家にも国家的支援が行われた。日本学術会議に関する経費は税金から出ているが、私たち市民が、私たちのためになるよう専門家に研究してもらうことに支出するのは当然だ。政府は、国民市民のための行政機関にすぎない。国民主権の憲法理念を順守することが大切だ。税金は政治家のためではなく、人類と多様な生命に資するような質の高い文化をはぐくむために使われねばならない。

戦争中は、民主的な作品の発表の場所がどんどんなくなっていった。大きな雑誌には書けず、極貧のうちに病気で亡くなった。小林多喜二の思想弾圧による虐殺死も記憶されなければならない史実だ。

小熊秀雄という民衆派の詩人は不遇のうちに三九歳で病死した。北海道から東京に出てきて、詩、童話、絵画、漫画台本と多彩な才能を発揮したが、日中戦争時一九四〇年、ついに力尽きた。食費や電車賃にもことかき、治療もできなかった。小熊秀雄が一九三五年に出版した長編叙事詩集『飛ぶ橇《そり》』には伏字が多い。「ただアイヌの仲間が死に、村を去り、／住居を孤立させられ、××××××／同時に山にはだんだんと熊の数が／少なくなってくるということが／最大の彼等の悲しみであった／そしてアイヌ達は××××××××」。そして、「真実」も伏字になる。詩「空の脱走者」の「×××太鼓となって／×××歌をうたっているんだろう」は、元は「真実の太鼓となって」「建設の歌を」なのだ。

プロレタリア詩人、反体制の詩人だけではなく、モダニズムの詩人たちが検挙されたのが一九四〇年の「神戸詩人事件」だ。特別な人が弾圧されると思っている間に、ごくふつうの表現活動も弾圧され、逮捕収監される。

さらには、すすんで政府に協力するようになる。日本文学報国会が一九四三年に発行した『辻詩集』で詩人たちも無残な姿をさらすことになる。軍艦建造のために、詩人たちがこぞって賛美の詩を書いた。まるで今の新型イージス艦建造計画のようだ。『辻詩集』には、日本のモダニズム詩の先駆者・安西冬衛の異様な詩も収録されている。「詔を建艦に謹む」という詩で「艦艇船舶の要用の切にして急なる、／蓋《けだ》し今日に極まれり。」などと安西の通常の新鮮な筆致とはまったく違う文体で表している。そのうち今の詩人たちも書かされそうだ。排除拒否から、検閲伏字へ、さらに翼賛体制への囲い込みと締め付けは一気に一続きなのだ。

日本近代文学会運営委員長の佐藤泉・青山学院大学教授は記者会見で「研究者だけではなく、社会全体の問題だ。文学、映画、演劇などの表現者団体も、国家の意向にそって戦争に協力した歴史を振り返り、危惧している」と発言したが、今回の任命拒否を許せば言論統制が堂々とまかり通るようになるだろう。

「詩人会議」は、二〇二〇年一二月号で「菅首相による学術会議会員の任命拒否に抗議する」（二〇二〇年一〇月一二日）を公表した。「学問の自由の侵害は科学者を苦しめるだけでなく、歴史が示すように日本と世界の人びとに災厄をもたらします。それはまた芸術表現の自由の浸蝕にもつながるもので、菅首相の違法行為に強く抗議します」と訴えている。

最後に、今回のことについての拙詩を記しておきたい。

夜が葉たちを揺すった
とつぜん　彼らは葉をむしる
その６枚の葉が選ばれた理由は隠された

その葉たちは
地の歴史を吸い上げ
自らの葉脈の繊細な思考を通して
陽と闇をさぐり
森を豊かな樹々で満たすために茂った

たった6枚なくなっても
森は無関心だった
あれらに日当たりがよく
あれらは目立ちすぎ
あれらは少し変わった形

それから　さらに彼らは
とつぜん　もっと葉をむしった
森はおののいた
自分たちはむしられまいと

「6名は　あなたであり　わたしなのです」／佐川亜紀

葉はやさしい風に応えることもやめた
幹にぴったり寄り添った

彼らは気まぐれに
なびく葉に
少し光を与えた

彼らはさらに葉をむしった
下の方も　高い方も
青い葉も　赤い葉も
葉にならない芽もむしり取った

そのとき幹は鋼の武器のように細くとがった
葉はそのとがった幹に
びっしり虫のようにしがみついた
だが　幹はもうどんな葉も茂らせなかった

幹のなかは空洞だった
その幹はカラッポだった
下に枯れた葉が降り積もっていた

彼らは　私たちだった
カラカラになった葉も　私たちだった

（佐川亜紀「夜が葉をむしるとき」）

佐川亜紀（サガワ・アキ）

一九五四年生まれ。詩人。日本社会文学会理事。日本現代詩人会理事。日本詩人クラブ会員。詩人会議会友。小熊秀雄賞選考委員。声明「いまこそ、日韓関係の改善を」呼びかけ人。二〇一四年に韓国の第五回昌原KC国際詩文学賞受賞。詩集に『死者を再び孕む夢』（詩学社、小熊秀雄賞）、『押し花』（日本詩人クラブ賞）。編著『在日コリアン詩選集』（以上、土曜美術社出版販売、地球賞）。共訳書『高銀詩選集　いま、君に詩が来たのか』（藤原書店）、『日韓環境詩選集　地球は美しい』（土曜美術社出版販売）など。

任命拒否と法解釈

中下裕子（弁護士）

菅義偉総理は、現行の任命制度に改正された二〇〇四年以降初めて、日本学術会議（以下、学術会議）が推薦した会員候補のうち六名の任命を拒否した。これは何を意味しているのだろうか。この問題を「日本学術会議法」（以下単に「法」という。巻末の参考資料を参照）の解釈という観点から考察してみたい。

法の立法趣旨と人類の「知恵」

学術会議は、先の戦争において科学者が軍に協力し多大な犠牲者を生んだことへの深い反省の上に、一九四八年に法に基づき設置された国の行政機関である。法の前文には、「科学が文化国家の基礎であるという確信に立つて、科学者の総意の下に、わが国の平和的復興、人類社会の福祉に貢献し、世界の学界と連携して学術の進歩に寄与する」との学術会議の使命が明記され、第二条には「わが国の科学者の内外に対する代表機関として、科学の向上発達を図り、行政、産業及び国民生活に科学を反映浸透させることを目的とする」旨が明記されている。科学者たちの深い反省と、二度と科学を戦争に使わせないという強い決意が滲《にじ》み出た法文だが、言うまでもなく、その原点は前年に施行された日本国憲法にある。

しかし、どれほど崇高な理念が並べられていても、それだけで学術会議がその使命を達成できるわけではない。科学者が政府の暴走を食い止めるには、政府の意に反する苦言も自由に呈することができるだけの権限と組織の独立性が確保されていなければならない。そのため、法は、学術会議に対し、「独立して左の職務を行う」（第三条）ことを明記したうえで、政府からの諮問への答申（第四条）のみならず、政府への勧告権（第五条）を付与している。会員の選任や退任・解任等の人事権についても、左記のような規定を設けて、実質的な決定権は学術会議に委ね、政府の関与は形式的なものにとどめることにより、学術会議の独立性を保障している。

第七条　会員は、日本学術会議の推薦に基づいて、内閣総理大臣が任命する。

第二五条　内閣総理大臣は、会員から（中略）辞職の申出があったときは、日本学術会議の同意を得て、その辞職を承認することができる。

第二六条　内閣総理大臣は、会員に会員として不適当な行為があるときは、日本学術会議の申出に基づき、当該会員を退職させることができる。

このような、政府の内部に独立性の高い組織を設置して、政府の政策への建設的批判の役割を担わせるという仕組みは、政権を担う者に常に権力行使に対する深慮と自重を求めようとするもので、人類が、民主政下でナチスのようなファシスト政権の台頭と悲劇を生んだことへの痛苦の反省の中で学び取った「知恵」である。しかし、その「知恵」を持ち続けることは、口で言うほど容易《たやす》いことではない。

菅政権による任命拒否とそれが意味するもの

戦後しばらくの間は、自民党の歴代の総理も、自らの戦争体験もあって、このような人類の「知恵」を弁《わきま》えていた。会員選定が選挙制から推薦制に改正された一九八三年当時の国会質問でも、当時の政府委員は「形だけの推薦制であって、学会のほうから推薦していただいた者は拒否はしない」旨の答弁をしており、「内閣総理大臣が任命を拒否することは想定されていない」と明記した文書も存在している。当時の総理であある中曾根康弘氏も、「（学術会議の）独立性を重んじていくという政府の態度はいささかも変わるものではございません」と述べていた。

ところが、今般、菅総理は、拒否の理由を明らかにしないまま、六名の会員候補の任命を拒否するという暴挙に出たのである。既述のとおり、法の趣旨・目的や法文に照らして、総理には実質的な人事権は認められておらず、このような暴挙は違法、違憲であることは明らかである。従来の政府解釈にも明らかに反している。

しかも、不思議なことに、これまでどの総理もしなかった任命拒否を敢行したというのに、菅総理の口からは、任命拒否の理由についての納得できる説明がない。総理の説明は「総合的・俯瞰的な判断から」という抽象的な理由を繰り返すばかりで、個々人の具体的理由については「人事に関わること」を理由に一切答弁を拒否している。

「総合的・俯瞰的な判断」というだけでは余りにも抽象的で国民にわかりにくいためか、その後「若手が少なく、所属大学に偏りがあるから、多様性を重視した」旨を強調するようになった。ところが、今回任命を拒否された六名のうち半分の三名は私立大学の学者であり、中には一名しか所属していない大学の学者も含まれていた。また、六名の中には少数である女性もおり、比較的年齢が低い人も含まれていた。

六名を任命拒否したのでは、かえって多様性を低めることになってしまう。この点を野党から指摘されると、菅総理は「若手研究者は十分いるという状況じゃない」「今回、前例踏襲をやめて、結果として、たとえば民間人や若手も増やすことができるようにした方がよいのではないかというふうに思った」などと支離滅裂で答えにならない答弁を繰り返した。その揚句、「学術会議は、公費を投じる国の機関であり、(中略)国民の期待に応えるためには、そのあり方を考える必要がある」などと論点外しで質問をかわすという有様だ。拒否の理由は混迷を深めるばかりである。

しかし、菅総理が今般、前例のない任命拒否に踏み切ったからには、必ずその理由があるはずである。その理由が、国民に堂々と説明できないような理由であるからこそ、「総合的・俯瞰的な判断」などと自分でもよくわからないような言い逃れや、支離滅裂な答弁、論点のすり替えを繰り返しているのだ。

さらに驚いたのは、菅総理が、今回の任命拒否にあたって、法の第一七条に基づいて学術会議が選考し、提出した一〇五名の会員候補者名簿を、一度も見ていないということである。事前に杉田和博・官房副長官と話して「学術会議には偏りがあるから、前例踏襲はやめて民間人や若い人を増やすことができるようにする」との方針を決め、杉田氏がこの方針に沿って六名を外した九九名の名簿を起案し、それを総理が追認して任命したという。しかも、総理は、この六名のうち知っているのは加藤陽子氏のみで、他の五名については著作や研究論文等も読んだことはないという。

つまり、菅総理は、前例のない任命拒否をおこなうにあたって、自らが判断することなく、すべて杉田氏に丸投げしていたというのである。杉田氏は、官房副長官兼内閣人事局長であるが、現職の官僚ではなく、警察庁でほぼ一貫して警備・公安畑を歩んだOBで、総理が官房長官時代から自らのブレーンとして重用していた人物である。このような人物に権力行使を丸投げするのは、余りにも無責任ではないだろうか。

菅総理はまた、「学術会議には年間一〇億円の公金が投入されている」ことを強調している。自民党や橋本徹・前大阪市長も、「だから、総理が学術会議の人事に介入するのは当然だ」との意見を述べている。一〇億円というと私たち庶民には高額だが、国民一人当たりに換算すると年間一〇円程度の負担にすぎない。

一方、菅総理が官房長官を務めた第二次安倍政権以降、政府が会計検査院から指摘を受けた税金の無駄遣いの累計額は、一兆九九二〇億七四九二万円にものぼっている。しかし、総理の反省の言葉もなければ、何の責任も取られていないのが実情だ。自分たちの膨大な無駄遣いは不問に付したまま、学術会議への一〇億円の税金投入を振りかざして人事に介入し、組織のあり方の見直しを迫るとは、いかがなものか。

このような菅政権のやり方からは、前述の法の「知恵」——権力行使に深慮と自重を求めること——など微塵《みじん》も感じられない。むしろ、外面は「庶民総理」を装いつつ、裏では自分の気に入らない人間は徹底して排除するというファシストが好む手法を用いている。

今こそ、国民による共同戦線の結成を！

この問題は一見、小さな問題と思われがちだが、決してそうではない。菅総理は、越えてはならない一線を越えたのだ。これは、法の解釈変更にとどまらず、なし崩し的に憲法改悪につながる道に歩を進めたことにほかならない。従って、この問題は、単に一回だけの抗議で済むような問題ではなく、すべての民主的勢力による持続的な闘いが求められている。菅政権は、平和を標榜する公明党を道連れにして、戦争への道を歩もうとしているのだ。今こそ、科学者・知識人を中心として、野党はもとより、労働組合、諸市民団体など民主的勢力が結集して、国民による共同戦線を立ち上げるべき時ではないか。

中下裕子（ナカシタ・ユウコ）

一九五三年、大阪府生まれ。一九七九年より弁護士。一九七七年京都大学法学部卒、一九八〇年米国ジョージ＝ワシントン大学ロースクール比較法修士。一九九五年コスモス法律事務所開設、現在に至る。「従軍慰安婦」事件、セクシュアル・ハラスメント事件などを手がける一方、ＮＰＯ「ダイオキシン・環境ホルモン対策国民会議」の代表理事、「グリーン連合」共同代表として環境問題に取り組んでいる。共著書に『セクシュアル・ハラスメント』（有斐閣）、『職業としての弁護士』（中経出版）など。

記者会見を取材した

北野隆一
（朝日新聞編集委員）

日本学術会議（以下、学術会議）の会員候補六人の任命を菅義偉首相が拒否した問題の初報は二〇二〇年一〇月一日、日本共産党の機関紙『赤旗』一面に「菅首相、学術会議人事に介入」との見出しで掲載された。多くの学会が「学問の自由への侵害だ」などとする抗議声明を次々と発表し、学者による記者会見も相次いだ。記者会見を取材し、登壇者らの声を拾った。

一〇月六日夜、首相官邸前には市民や大学教授ら約七〇〇人（主催者発表）が抗議に集まった。

政府から任命されなかった六人の一人で憲法学者の小沢隆一・東京慈恵会医科大学教授も参加し、「日本の学術と国民全体の問題。学術会議の独立性、そして国民主権に基づく選定権を決して政府に渡してはならない」と訴えた。

法学者らでつくる「立憲デモクラシーの会」も一〇月六日に記者会見した。憲法学者の長谷部恭男・早稲田大学教授は「極めて例外的な場合で、きちんとした理由が説明できるのであれば、推薦された人を首相が任命しないこともあり得るだろう。しかし、その例外的場合をもって、今回の六人除外を説明したことにはならないだろう」と指摘。憲法学者の石川健治・東京大学教授も「憲法二三条の『学問の自由』は、『勉強する自由』ではない。勉強する自由は、二一条の表現の自由で守られるもので、一九条で思想・良心の自由も保障されている。二三条がわざわざ置かれたのには特別の意味がある。その核心は学問、とりわけ専門分野の自律性だと思う。今回は学問の自律性の一つの局面として、学術会議という学問の自由の防波堤に人事介入が行われた事件である」と批判した。

「安全保障関連法に反対する学者の会」は一〇月一四日に記者会見した。二〇一五年制定の安保法制に反対して結成され、学術会議会員の経験者も多い。今回、任命されなかった六人のうち宇野重規・東京大学教授は「学者の会」の呼びかけ人で、残る五人はいずれも賛同人に名を連ねている。

内田樹・神戸女学院大学名誉教授は「学術共同体に政権が関与し、忠誠心にもとづきイエスマンを集めれば、統治コストは最小化し、反抗する人がいなくなって管理しやすくなる。国民が無気力になって日本の学術的な発信力を損ない、世界における評価や国力を下げる行為だ」と批判した。

小熊英二・慶応大学教授も「理由を明らかにせず任命を拒否できるようにすることは、不透明な差別の温床になる。権力者であっても法に定められた手順を踏まねばならないとする『法の支配』を破る行為であり、歯止めをかけなければいけない」と懸念を示した。

ノーベル物理学賞受賞者の益川敏英・京都大学名誉教授もメッセージを寄せ、「菅首相がこんな乱暴なことをしたということは、歴史上、長く糾弾されるだろう。戦争の反省の上に作られた日本学術会議に汚点を残すものである」と批判した。

学術会議の会員への任命を拒まれた六人の学者は一〇月二三日、日本外国特派員協会で開かれた記者会見で、初めて一斉に意見を表明した。

岡田正則・早稲田大学教授は行政法学の立場から、学術会議が推薦した一〇五人の名簿を「見ていない」と菅首相が明言したことについて、「推薦に基づいて」首相が会員を任命すると定める日本学術会議法違反だと主張。「菅首相は職務懈怠をやめて、推薦に基づく六人の任命義務を履行し、この違憲・違法状態を速やかに解消しなければならない」と訴えた。

宗教学者の芦名定道・京都大学教授はオンラインで「大学における軍事研究を推進したい」政府に対し、学術会議が二〇一七年、大学での軍事研究に反対する声明を出したことが問題の背景にあると指摘。「日本における科学技術のあり方に政府が介入して、コントロールしようとしている」と批判した。

刑事法学者の松宮孝明・立命館大学教授は記者の質問に「すべての公務員について自分が好き勝手に任命、あるいは罷免ができるというところまで突き進む危険がある。日本の国民の世論が内閣をどう評価するかが今後の行方を左右する」と答えた。

一〇月二六日には、会員任命拒否の撤回を求める菅首相あてのネット署名を呼びかけた歴史学者の鈴木淳・東京大学教授と古川隆久・日本大学教授が記者会見した。問題発覚直後の一〇月三日から署名を集め、一〇月一三日には一四万三六九一筆を内閣府に提出した。鈴木氏は「日本学術会議の前身にあたるものとして一九二〇年に発足した学術研究会議では、科学者の団体が主体的に活動できず戦争への協力に終わったことへの反省から、戦後の日本学術会議は独立を重視している」と指摘した。古川氏は「学術会議は独立性の高い組織であり、それを政府が支援し、批判的な意見も出せることこそ、健全な民主主義社会の維持に必要。異論を封じて学問の自由が保障されなくなると、日本学術会議は社会的役割を果たせない」と強調した。

公文書管理に詳しい瀬畑源・龍谷大学准教授もオンラインで参加し、「任命拒否は慣例を大きく変える決定であり、政府には公文書管理法上、変えた理由を説明する責任がある。今回の人事が決まった過程を説明する公文書をすみやかに公開すべきだ」と述べた。


人文・社会科学の学会で一〇月につくられた「人文社会系学協会連合連絡会」は一一月六日に各学会の代表ら一〇人が記者会見し、共同声明を発表した。声明には二二六学会が参加・賛同した。

日本社会福祉学会会長の木原活信・同志社大学教授は「人文社会系でこれだけの諸学会が一つにまとまって意見を表明するのは恐らく歴史的にみて初めてのことだろう。このこと自体が、今回の任命拒否問題によってアカデミアの世界にとって重大な問題が起きていることを意味している」と話した。

日本哲学系諸学会連合委員長の野家啓一・東北大学名誉教授は、「研究機能を担う各学会と社会への発信・審議機能を担う学術会議は、表裏一体で『車の両輪』に当たる。今回の任命拒否は、車の両輪の一つを破壊する暴挙」と指摘し、分野を超えた文系・理系の連携などを例に「学術会議は菅首相が言う『総合的、俯瞰的』な役割をまさに担ってきた」

と主張した。

日本近代文学会運営委員長の佐藤泉・青山学院大学教授は「研究者だけでなく社会全体の問題と考えている。戦前期を調べると、国家による言論統制を前にして言うべきことを言えた強い人はそんなに多くはない。一人ひとりの人間はほんとうに弱く、文化は脆弱なものだと分かる。だからこそ政治権力が言論や思想の領域に介入することはあってはならない」と危機感を表現した。

人文社会系学協会連合連絡会は一二月二日にも記者会見し、共同声明の英訳版を発表した。参加・賛同する学会は三一〇団体に増えた。

日本歴史学協会国際交流委員会委員長の木畑洋一・東京大学名誉教授は、国際学術会議（事務局・パリ）のダヤ・レディー会長から一一月一七日付で学術会議の梶田隆章会長あてに届いた手紙を紹介。「菅首相による任命拒否の決定が日本における学問の自由に与える影響を深刻にとらえている。科学者の表現の自由が保障され、学術の最高議決機関の会員を推薦する際の学術上の選択の自由を擁護する日本学術会議に強力な支援を提供することが適切だ」などと書かれていたという。

国際地理学連合前会長の氷見山幸夫・北海道教育大学名誉教授も「地球環境やＳＤＧｓ（持続可能な開発目標）の問題に対しては、専門を超えて学者が協力し合い、また学術と政府の諸機関が協力し合うためにも、日本学術会議の役割は大きい。今回の問題はこの取り組みを壊しかねない」と懸念を示した。

学者たちが開く記者会見に、私は可能な限り出席してきた。戦前に学問が政府に従属させられ、科学者らが戦争協力にかり出された歴史への反省から、現憲法が学問の自由を保障し、学術会議や大学など学術共同体の独立性尊重の礎となってきた歴史はよく理解できた。しかし同時に、学者たちの多くが抱いた危機感が、日本社会に広く共有されているとはいえない現状へのジレンマも感じた。

一〇月一四日にあった「学者の会」の記者会見で私は「専門家への反感から、素人の一般国民が専門家を制御すべきだという意見が、それなりに力を持っている。このことについてどう思うか」と尋ねた。政治学者の山口二郎・法政大学教授は「一般市民の感覚でプロの仕事をチェックするのは当然必要だ。たとえば裁判員制度もそうだ。しかし、法を前提に証拠を尊重するという大前提は、市民も共有しなければならない。一般市民の感情で判断したら裁判は崩壊する。同様に、学問を市民がチェックするのにも最低限共有すべき論理、法理がある。事実に基づかない偏見や感情で学者の世界を抑圧するのは、単なる野蛮だ」と答えた。

同じ一〇月一四日、憲法研究者有志の記者会見では、キャスターの金平茂紀氏が「TBS・JNNの世論調査では任命見送りを妥当だと考える人が二四%。妥当ではないと考える人は五一%だった。国民世論の動向をどう評価するか」と、TBS系列のJNNが一〇月三、四日に実施した世論調査の数値をもとに質問した。ちなみに『朝日新聞』が一〇月一七、一八日に実施した世論調査では、同様の質問に「妥当だ」と答えたのは三一%、また「妥当ではない」が三六%で、拮抗していた。

金平氏の質問に対し、根森健・新潟大学・埼玉大学名誉教授はこう答えた。

「学術会議とは何かが伝わっていない。政府から出てくる情報により、『首相が任命権を持っているから任命(拒否)するのは当たり前』といった、素朴な理解をしている。ぼくたちの責任でもあるが、メディアも、どういう問題なのかをきちんと伝えることが必要だと思う」

学術会議と官邸

前川喜平
（現代教育行政研究会代表、元文部科学事務次官）

「ついにここまでやったか」。日本学術会議の会員任命拒否という報道に接して真っ先に思ったことだ。

第二次安倍政権で一貫して官房長官の座にあった菅義偉氏は、人事権をフル活用して官邸権力の維持・拡大を図ってきた。菅氏を支えてきたのは杉田和博・官房副長官だ。杉田氏の下には内閣人事局や内閣情報調査室があり、公安警察にもつながっている。各府省の事務次官や局長に、官邸に従順な人物を登用し、異を唱える人物を排除する人事を繰り返した結果、今や各府省幹部は皆「忖度官僚」となり、霞が関官僚集団は何でも官邸の言うことを聞く「何でも官邸団」になり下がった。

たとえば、二〇一八年一〇月の文部科学省の人事では、事務次官就任が当然視されていた小松親次郎・文部科学審議官が退官し、官房長だった藤原誠君が事務次官になった。藤原君は二〇一八年三月末の官房長の定年を延長してもらっていた。彼は昵懇《じっこん》の関係にある和泉洋人・首相補佐官を通じて菅氏に取り入り、官邸の力を借りて事務次官の地位を手に入れたのだ。彼は二〇二〇年三月末の事務次官の定年も延長してもらい、在任三年目に入っている。いかに彼が官邸から「評価」されているかがわかる。

人事による支配は、一定の独立性を持つ行政機関にも及んだ。内閣法制局は、二〇一四年に小松一郎氏が内部登用の慣例を破って外部から長官に任命されて以降、かつての独立性を失い、今や官邸が求めるなら「カラスは白い」という理屈もでっち上げる。人事院は、二〇二〇年二月一宮なほみ総裁が、黒川弘務・東京高検検事長（当時）の定年延長に国家公務員法の規定を適用する「解釈変更」を行ったと国会で答弁したことで、官邸の支配下にあることを露わにした。

さらに官邸は、審議会委員人事にも介入した。私が文部科学事務次官として関わった二〇一六年八月の文化功労者選考分科会の委員人事では、閣議了解のための手続きとして委員予定者のリストを杉田氏のもとへ持っていったところ、二人の差し替えを指示された。一人は「安全保障関連法に反対する学者の会」のメンバー、もう一人はメディアで政権批判的な発言をした文化人だった。杉田氏からは「こういう人物を持ってきては困る、文部科学省であらかじめチェックしてから持ってくるように」と注意された。

文部科学省の審議会人事にこれだけの口を出すのだから、内閣官房や内閣府に置かれる諸問機関の人事では、もっと厳密な「審査」が行われているのだろう。日本学術会議（以下、学術会議）の会員任命拒否は、このような審議会委員人事の延長線上にある。安倍政権の政策への批判的な言動が任命拒否の理由であることは間違いない。


任命拒否に至る経緯は概ね次のようなものだろう。学術会議から八月末に提出された推薦者名簿を、内閣府が杉田氏に説明。杉田氏は全員の言動を調査するよう内閣情報調査室に指示。その後、内閣情報調査室が杉田氏に調査結果を報告。杉田氏はその中から特に「問題」のある六人を特定した。

菅首相の国会答弁によれば、九月二四日に内閣府が六人を除外した決裁文書を起案する前に、杉田氏から事前に報告を受けたという。菅首相は杉田氏の進言どおりに六人の排除を決定したのだろう。その後、杉田氏は内閣府に対し六人を除いて決裁文書を起案するよう指示した。「外すべき者（副長官から）R二・九・二四」と記された本体黒塗りの文書の存在がそれを示している。そして九月二八日、菅首相は九九人の任命を決裁した。

しかし、学術会議会員の任命は審議会委員の任命とは決定的に異なる。学術会議会員の実質的な任命権は学術会議自身にあるからだ。日本学術会議法により、学術会議は会員を選考し、推薦する権限を持つ。内閣総理大臣はその「推薦に基づいて」任命する。「基づいて」は強い拘束性を意味するから、首相の任命権が形式的なものであることは法文上明らかだ。従来の政府の国会答弁もそれを裏づけている。

会員人事の自律性は学術会議の独立性を担保する。学術会議の独立性が必要なのは、学術会議の意思形成においては学問の自由に基づく自由な議論が不可欠であり、そこに政治の介入があってはならないからである。

菅氏と杉田氏は、学術会議の独立性や審議会との違いが全くわかっていない。それは、彼らに科学への敬意や学問の自由を尊重する観念が欠如しているからだ。

さらに彼らに決定的に欠けているものは、かつての保守政権が持っていた、異論を含み込む懐の深さだ。彼らには味方と敵しかいない。異論に耳を傾ける度量はまったく持ち合せていないのだ。異論を唱える者は即ち敵であり、敵は徹底的に叩き、排除するのが安倍・菅政権の本質的な性質である。

菅首相は六人の任命拒否を放置したまま、学術会議の組織改編を進めようとしている。井上信治・科学技術担当大臣は一一月二六日、学術会議の梶田隆章会長に対し国の機関からの切り離しを提案した。自民党のプロジェクトチームは一二月一一日、二〇二三年九月までに学術会議を政府から独立させるよう提言し、新たな組織形態として「独立行政法人、特殊法人、公益法人など」を例示した。

しかし、学術会議はもともと「政府」からは独立している。政府の監督に服する独立行政法人化など論外だ。法人化は学術会議の地位を低下させ、その発言力の弱体化させるだろう。この政権にとって学術会議は軍事研究に抵抗する障害物でしかない。三年ごとに会員人事に介入し時間をかけて骨抜きにするよりも、組織改編で一挙に解体してしまう方が手っ取り早い。「鳴かぬなら殺してしまえホトトギス」だ。

「学者の国会」と呼ばれる学術会議は、政府から独立し、政府に対する勧告権を持つ国家機関であることに意義がある。新型コロナウイルス対策に見られるような科学軽視の政治を正すためにも、学術会議は国家機関として存置すべきである。

前川喜平（マエカワ・キヘイ）

一九五五年、奈良県生まれ。現代教育行政研究会代表。東京大学法学部卒業後、一九七九年に文部省入省。二〇一六年に文部科学事務次官。二〇一七年一月に退官後、加計学園問題で岡山理科大学獣医学部新設の不当性を公にする。著書に『面従腹背』（毎日新聞出版）、共著に『同調圧力』（角川新書）、『生きづらさに立ち向かう』（岩波書店）など多数。

おわりに

坂上貴之
（日本心理学会理事長）

凡庸で鈍感な感受性しか持ち合わせていない私ですら、二〇二〇年一〇月初頭の、菅義偉内閣総理大臣による日本学術会議（以下、学術会議）の新しい会員六名に対する任命拒否の報道に接して、ついにここまで来てしまったのかという思いにとらわれずにはいられなかった。ある人は、この事件を「一線を越えた」と評し、別の人は「分水嶺」や「臨界点」という言葉を使った。

ある事件が歴史の中で重要な役割を果したか否かを、あらかじめ定められた基準や要件に沿って判断できる、そんな虫のよい話があるはずもない。ただ、件の報道から一日もたたず、歴史学者によって始められた署名活動の話が知人から届き、すぐにそのサイト[1]に行ってみると、すでに何万人もの人がこの活動をサポートしていることがわかった。

それだけではない。多くの学協会や連合体が、この問題に関する抗議声明や要望書を続々と発出し始めていた。基準らしき基準、要件らしき要件もないのに、なぜ、人々は一斉にこの問題に反応したのだろうか。

私は、自分の知る学術会議の連携会員に連絡を取ってみた。やはり連携会員も現在の会員もすでに相互に連絡をしつつ、この問題に対処しようとしている最中であった。一〇月五日に他学会から本問題への対処についての問い合わせがあったのを機に、日本心理学会の常務理事会のメンバーに学会としてのアクションをとるべきか否かを問うた。すると、いくつかの留保はあるものの、やはりこれは由々しき問題だということで、全員の賛同を得ることができた。ここでも人々は、学会でのアクションという選択をしたのである。その結果は、声明(第一部)に載っている日本心理学会の要望書(一〇月七日付)というかたちでまとまった。

そして、一〇月一四日、はじめて本書の主役の一人である、人文社会科学系学協会連合連絡会(以下、連絡会)の準備会が開催された。当日、私は出席できなかったが、参加された常務理事二名の方から、数多くの学協会が共同行動をとる方向で、今後話し合いが継続されることになったとの報告をいただいた。

スタート時点での参加学協会と連合体は合わせて一〇数団体になる。その後の呼びかけで、この数が瞬く間に増えていくのを私たちは目の当たりにするのであるが、何度かのネットを通じての打ち合わせや、対面での記者会見を通し、学協会や連合体の責任を引き受けておられる方々の、この問題への真摯な反応を常に感じてきた。

人文・社会科学系の学問は、このところ政界・官界・産業界から評判がよくない。二〇一五年には国立大学における文系学部の廃止や転換が、当時の文部科学大臣から要請されている。それに先行した大学改革で、大学教育における専門教育の早期からの導入が求められ、相対的に教養教育の軽視が進んでいた上での要請であった。たしかに人文・社会科学系の学問の成果は、技術として産業界を潤すようなことは滅多になく、また、仮に社会に活かされるにしても、長い時間が必要である。

これらの学問は、学術的な取り組みの対象となる環境・身体・文化のうち、主に最後の文化に関わるものであって、理学・工学や生命科学が対象とする環境や身体における研究とは、方法論でも、影響を測る時間的スパンでも異なっている。しかし文化についての深い理解がなければ、世代を超えて継承する知の体系を支えることは難しい。

今回、任命拒否にあった研究者はすべて人文・社会科学系に属していたが、このような領域の違いがあるにもかかわらず、理学・工学系、生命科学系の連合体や学協会からも、いち早くこの問題への抗議がなされたのは、私たちにとってたいへん元気づけられることであった。それに引き替え、人文・社会科学系には連合体どころか学協会間の連絡を司る仕組みさえ、これまで作られてこなかった。皮肉なことに、一線を越えたこの事件が、まとまりのない学問の世界に新しい関係を築いたことになる。

その一方で、私は、学会や連合体の理事長として、この問題への意見の集約を行っていく過程で、ここまでに述べてきた「共有される危機感」とは異なる反応にも出会うことになった。異なる反応を生み出したところにあったものの第一は、年代の違いであった。常務理事を構成する主に五〇代後半から六〇代の研究者と、これからの学問を背負っていく若手研究者との間で、この問題の捉え方が大きく異なっていたのである。この違いは、戦争経験者や戦後すぐの期間を学生として過ごした研究者との接点を、これまでどのように持ってきたかに依っているのかもしれない。

第二のものは、大学に所属する研究者と現場、特に企業に籍を置く研究者との違いであった。この違いは特に工学の連合体に関わる方から指摘されたが、私の場合は、心理臨床場面で活躍されている研究者との、この問題に対する切迫感の違いから感じたものであった。前者が持つ危機感は、大学などの教育機関に所属する人文・社会科学系の研究者との交流や共同研究に依るものなのかもしれない。

最後の一つは、研究者とそれ以外の人たちとの違いである。この問題に対する世論の反応は思ったよりも冷たく、私たちが何かによって意図的に切り離されていると感じた。同時に私たちが、ある種の「特権的」と思われるような立場と理解されているようにも思えた。

これらの間隙《かんげき》を果たして埋めることができるのか。そして、私たち研究者が行っている抗議が、真に国民の側に共に立つものとして認められるのか。現時点では簡単に答えることはできない。

とはいえ、悲観的な事柄ばかりあるわけではない。なぜ政府や与党は、任命拒否をしたのだろうか。この点については、菅総理も、一〇月の問題発覚以降に急遽作られた自民党のプロジェクトチーム（政策決定におけるアカデミアの役割に関する検討PT）も、一二月下旬の時点でその理由を明らかにしていない。一般に考えられるのは、それを明らかにすると現政権にとって都合が悪いと考えているからであろう。つまり、それは国民を怒らせる理由だからである。

少なくとも報道によれば[2]、自民党の下村博文・政務調査会長は、学術会議が軍事研究への否定的見解（より正確には肯定しない立場というべきだろう）に立つことが問題であるとしており、二〇一七年に決定・発出された「軍事的安全保障研究に関する声明」に代表される、これまでのこの組織の在り方を問題視していると考えられる。

仮に、「軍事研究に反対する学者の任命はこれを拒否する」とその理由を明示した場合、そのことへの反発は研究者を越えて国民全体に及ぶ、想像を絶するものとなると考えたのであろう。そうした意味では、日本国憲法第九条や平和を希求する国民の存在は、まだまだ侮ることができないものとなっている。

今回の事件に至るまでの政界・官界・産業界の流れは、一朝一夕に作られてきたわけではない。学術会議が、戦争への科学・技術の積極的加担への自己反省から出発したことは確かではあるが、これまでに同会議は軍事研究に研究者が関わることに何度も警鐘を鳴らさざるをえなかった。そして、その警鐘と歩調を合わせるかのように、日本における科学・技術政策への学術会議の役割は狭められていった。[3] まさに今回の自民党ＰＴの答申（「日本学術会議の改革に向けた提言」一二月九日）も、学術会議を一法人として政府機関から切り離すことを提言している。[4]

二〇一五年には「日本学術会議の今後の展望について」の有識者会議で、「国の機関でありつつ法律上独立性が担保されており、かつ、政府に対して勧告を行う権限を有している現在の制度は、日本学術会議に期待される機能に照らして相応しいものであり、これを変える積極的な理由は見出しにくい」[5] という結論が出されている。

それにもかかわらず、この結論からわずか五年しか経過していないこのコロナ禍の真っ只中で、わざわざ自民党がＰＴを形成した理由にも、また半年も費やしたこの有識者会議での結論への批判も示さないで、ＰＴが「日本学術会議の改革に向けた提言」のような文書を出してしまうことにも、私は納得がいかない。

こうした文書の作成者や、ニュースを危機感なく受け止めている人々に対して、ある種の感受性や想像力の欠如を感じてしまうのは、私だけなのであろうか。文化を継承し発展させていくには、その文化を支える規律を守らなくてはならない。この規律の明確な崩壊[6]を、今回、私たちは知ったのである。

本書は、論創社の論創ノンフィクション担当、谷川茂さんのアイデアで始まった。出版企画はジャーナリストの津田大介氏による論壇時評（『朝日新聞』一〇月二九日付）を読んだ時に、明確なかたちをとったという。そして、社会学や教育学の研究者への相談を経て、一一月二六日になって連絡会に企画がもたらされ、すべての執筆者からの了承を一二月一一日に取り付けたと伺っている。ここにも一斉に立ち上がった人たちがいたのである。緊急出版という制約の中で、獅子奮迅の活躍をしてくださった谷川さんに、この場を借りて心より御礼を申し上げたい。

人口に膾炙《かいしゃ》する茨木のり子の詩「自分の感受性くらい」の最後の二連は次のように詠う。

駄目なことの一切を
時代のせいにはするな
わずかに光る尊厳の放棄

自分の感受性ぐらい
自分で守れ
ばかものよ

私たちは、今、叱られているのである。

1 https://www.change.org/p/ 菅首相に日本学術会議会員任命拒否の撤回を求めます
なお記者会見の内容全文は、以下のサイトで見ることが出来る。
https://bokukoui.exblog.jp/31842919/
https://bokukoui.exblog.jp/31843564/

2 「『軍事研究否定なら、行政機関から外れるべきだ』自民・下村博文氏、学術会議巡り」(『毎日新聞デジタル』二〇二〇年一一月一〇日付)
https://mainichi.jp/articles/20201110/k00/00m/010/023000c

3 学術会議の戦後の動向については、池内了『科学者と戦争』(岩波新書)、『科学者は、なぜ軍事研究に手を染めてはいけないか』(みすず書房)を参考にした。

4 https://jimin.jp-east-2.storage.api.nifcloud.com/pdf/news/policy/200957_1.pdf

5 https://www8.cao.go.jp/scj/index.html

6 規律の崩壊は思いつくままに挙げれば、以下のような誰でもよく知っている過程を経る。無論、その順序はいつも同じとはかぎらない。

⑴ 自己の行動を変容する:①自分自身の規律を壊す。②見逃したり見なかったことにしたり忘れようとする。③都合の悪いことを言わない。④意図的に記録を取らない。⑤そのような事実はなかったと言ったり、時間的前後関係などの記述に変更を加える。⑥記録を処分したことにする。⑦人のせいにする。

⑵ 関係者の行動を制御する:①口裏を合わせてもらったり、それを望むことを匂わせる。②箝口令を敷く。③記録を改竄したり捏造したりする。④記録を処分する。

⑶ 組織の人事を制御する:①自分の身近に意のままになる人を配置する。②自分の行動を制す

る部署に恫喝を加える。③そうした部署の人事を意のままにする。④免職・更迭・配置換えを通じて組織内の風通しを悪くする。

(4)　権力監視を弱め、権力の制御力を強くするのに都合の良い法律を用いて世間を制御する：①法の解釈の仕方に手を付ける。②法を変更したり廃止したりする。③都合の良い法を強引に制定する。④これらに基づいて世間の新しい組織化を進める。

坂上貴之（サカガミ・タカユキ）

一九五三年生まれ。慶應義塾大学名誉教授。専門は実験心理学（学習・意思決定）、行動分析学。一九八四年に慶應義塾大学大学院社会学研究科博士課程単位取得退学。一九八八年、文学博士。二〇一九年三月に慶應義塾大学文学部を退職。現在、日本心理学会、日本心理学諸学会連合理事長。編著書に『心理学が描くリスクの世界』（慶應義塾大学出版会）、『行動生物学辞典』（東京化学同人）、『行動分析学事典』（丸善出版）など。翻訳書に『B・F・スキナー重要論文集Ⅰ、Ⅱ』（勁草書房）など。

参考資料

日本学術会議法

昭和二十三年七月十日　法律第百二十一号
最終改正　平成一六年　四月一四日　法律第二九号

日本学術会議は、科学が文化国家の基礎であるという確信に立つて、科学者の総意の下に、わが国の平和的復興、人類社会の福祉に貢献し、世界の学界と提携して学術の進歩に寄与することを使命とし、ここに設立される。

第一章　設立及び目的

第一条　この法律により日本学術会議を設立し、この法律を日本学術会議法と称する。
2　日本学術会議は、内閣総理大臣の所轄とする。
3　日本学術会議に関する経費は、国庫の負担とする。

第二条　日本学術会議は、わが国の科学者の内外に対する代表機関として、科学の向上発達を図り、行政、産業及び国民生活に科学を反映浸透させることを目的とする。

第二章　職務及び権限

第三条　日本学術会議は、独立して左の職務を行う。
一　科学に関する重要事項を審議し、その実現を図ること。

二　科学に関する研究の連絡を図り、その能率を向上させること。
第四条　政府は、左の事項について、日本学術会議に諮問することができる。
一　科学に関する研究、試験等の助成、その他科学の振興を図るために政府の支出する交付金、補助金等の予算及びその配分
二　政府所管の研究所、試験所及び委託研究費等に関する予算編成の方針
三　特に専門科学者の検討を要する重要施策
四　その他日本学術会議に諮問することを適当と認める事項
第五条　日本学術会議は、左の事項について、政府に勧告することができる。
一　科学の振興及び技術の発達に関する方策
二　科学に関する研究成果の活用に関する方策
三　科学研究者の養成に関する方策
四　科学を行政に反映させる方策
五　科学を産業及び国民生活に浸透させる方策
六　その他日本学術会議の目的の遂行に適当な事項
第六条　政府は、日本学術会議の求に応じて、資料の提出、意見の開陳又は説明をすることができる。
第六条の二　日本学術会議は、第三条第二号の職務を達成するため、学術に関する国際団体に加入することができる。
2　前項の規定により学術に関する国際団体に加入する場合において、政府が新たに義務を負担することとなるときは、あらかじめ内閣総理大臣の承認を経るものとする。

第三章　組織

第七条　日本学術会議は、二百十人の日本学術会議会員（以下「会員」という。）をもつて、これを組織する。

2　会員は、第十七条の規定による推薦に基づいて、内閣総理大臣が任命する。

3　会員の任期は、六年とし、三年ごとに、その半数を任命する。

4　補欠の会員の任期は、前任者の残任期間とする。

5　会員は、再任されることができない。ただし、補欠の会員は、一回に限り再任されることができる。

6　会員は、年齢七十年に達した時に退職する。

7　会員には、別に定める手当を支給する。

8　会員は、国会議員を兼ねることを妨げない。

第八条　日本学術会議に、会長一人及び副会長三人を置く。

2　会長は、会員の互選によつて、これを定める。

3　副会長は、会員のうちから、総会の同意を得て、会長が指名する。

4　会長の任期は、三年とする。ただし、再選されることができる。

5　副会長の任期は、三年とする。ただし、再任されることができる。

6　補欠の会長又は副会長の任期は、前任者の残任期間とする。

第九条　会長は、会務を総理し、日本学術会議を代表する。

2　副会長は、会長を補佐し、会長に事故があるときは、会長の指名により、いずれかの一人が、その職務を代理する。

第十条　日本学術会議に、次の三部を置く。

第一部

第二部
第三部
第十一条　第一部は、人文科学を中心とする科学の分野において優れた研究又は業績がある会員をもつて組織し、前章の規定による日本学術会議の職務及び権限のうち当該分野に関する事項をつかさどる。
2　第二部は、生命科学を中心とする科学の分野において優れた研究又は業績がある会員をもつて組織し、前章の規定による日本学術会議の職務及び権限のうち当該分野に関する事項をつかさどる。
3　第三部は、理学及び工学を中心とする科学の分野において優れた研究又は業績がある会員をもつて組織し、前章の規定による日本学術会議の職務及び権限のうち当該分野に関する事項をつかさどる。
4　会員は、前条に掲げる部のいずれかに属するものとする。
第十二条　各部に、部長一人、副部長一人及び幹事二人を置く。
2　部長は、その部に属する会員の互選によつて定める。
3　副部長及び幹事は、その部に属する会員のうちから、部会の同意を得て、部長が指名する。
4　第八条第四項及び第六項の規定は部長について、同条第五項及び第六項の規定は副部長及び幹事について、それぞれ準用する。
第十三条　部長は、部務を掌理する。
2　副部長は、部長を補佐し、部長に事故があるときは、その職務を代理する。
3　幹事は、部長の命を受け、部務に従事する。
第十四条　日本学術会議に、その運営に関する事項を審議させるため、幹事会を置く。
2　幹事会は、会長、副会長、部長、副部長及び幹事をもつて組織する。
3　日本学術会議は、第二十八条の規定による規則（以下この章及び次章において「規則」という。）で定めるところにより、前章の規定による日本学術会議の職務及び権限の一部を幹事会に委任することができる。
第十五条　日本学術会議に、会員と連携し、規則で定めるところにより第三条に規定する職務の一部を行わせるため、日本学術会議連携会員(以下「連携会員」という。)を置く。
2　連携会員は、優れた研究又は業績がある科学者のうちから会長が任命する。
3　連携会員は、非常勤とする。
4　前三項に定めるもののほか、連携会員に関し必要な事項は、政令で定める。
第十五条の二　日本学術会議に、規則で定めるところにより、会員又は連携会員をもつて組織される常置又は臨時の委員会を置くことができる。
第十六条　日本学術会議に、事務局を置き、日本学術会議に関する事務を処理させる。
2　事務局に、局長その他所要の職員を置く。
3　前項の職員の任免は、会長の申出を考慮して内閣総理大臣が行う。

第四章　会員の推薦

第十七条　日本学術会議は、規則で定めるところにより、優れた研究又は業績がある科学者のうちから会員の候補者を選考し、内閣府令で定めるところにより、内閣総理大臣に推薦するものとする。
第十八条から第二十二条まで　削除　(平一六法二九)

第五章　会議

第二十三条　日本学術会議の会議は、総会、部会及び連合部会とする。
2　総会は、日本学術会議の最高議決機関とし、年二回会長がこれを招集する。但し、必要があるときは、臨時にこれを招集することができる。
3　部会は、各部に関する事項を審議し、部長がこれを招集する。
4　連合部会は、二以上の部門に関連する事項を審議し、関係する部の部長が、共同してこれを招集する。
第二十四条　総会は、会員の二分の一以上の出席がなければ、これを開くことができない。
2　総会の議決は、出席会員の多数決による。
3　部会及び連合部会の会議については、前二項の規定を準用する。

第六章　雑則
第二十五条　内閣総理大臣は、会員から病気その他やむを得ない事由による辞職の申出があつたときは、日本学術会議の同意を得て、その辞職を承認することができる。
第二十六条　内閣総理大臣は、会員に会員として不適当な行為があるときは、日本学術会議の申出に基づき、当該会員を退職させることができる。
第二十七条　削除　（昭五八法六五）
第二十八条　会長は、総会の議決を経て、この法律に定める事項その他日本学術会議の運営に関する事項につき、規則を定めることができる。

〔以下略〕

日本学術会議憲章

平成二〇（二〇〇八）年四月八日

科学は人類が共有する学術的な知識と技術の体系であり、科学者の研究活動はこの知的資産の外延的な拡張と内包的な充実・深化に関わっている。この活動を担う科学者は、人類遺産である公共的な知的資産を継承して、その基礎の上に新たな知識の発見や技術の開発によって公共の福祉の増進に寄与するとともに、地球環境と人類社会の調和ある平和的な発展に貢献することを、社会から負託されている存在である。日本学術会議は、日本の科学者コミュニティの代表機関としての法制上の位置付けを受け止め、責任ある研究活動と教育・普及活動の推進に貢献してこの負託に応えるために、以下の義務と責任を自律的に遵守する。

第1項　日本学術会議は、日本の科学者コミュニティを代表する機関として、科学に関する重要事項を審議して実現を図ること、科学に関する研究の拡充と連携を推進して一層の発展を図ることを基本的な任務とする組織であり、この地位と任務に相応しく行動する。

第2項　日本学術会議は、任務の遂行にあたり、人文・社会科学と自然科学の全分野を包摂する組織構造を活用して、普遍的な観点と俯瞰的かつ複眼的な視野の重要性を深く認識して行動する。

第3項　日本学術会議は、科学に基礎づけられた情報と見識ある勧告および見解を、慎重な審議過程を経て対外的に発信して、公共政策と社会制度の在り方に関する社会の選択に寄与する。

第4項　日本学術会議は、市民の豊かな科学的素養と文化的感性の熟成に寄与するとともに、科学の最先端を開拓するための研究活動の促進と、蓄積された成果の利用と普及を任務とし、それを継承する次世代の研究者の育成および女性研究者の参画を促進する。

第5項　日本学術会議は、内外の学協会と主体的に連携して、科学の創造的な発展を目指す国内的・国際的な協同作業の拡大と深化に貢献する。

第6項　日本学術会議は、各国の現在世代を衡平に処遇する観点のみならず、現在世代と将来世代を衡平に処遇する観点をも重視して、人類社会の共有資産としての科学の創造と推進に貢献する。

第7項　日本学術会議は、日本の科学者コミュニティの代表機関として持続的に活動する資格を確保するために、会員及び連携会員の選出に際しては、見識ある行動をとる義務と責任を自発的に受け入れて実行する。

日本学術会議のこのような誓約を受けて、会員及び連携会員はこれらの義務と責任の遵守を社会に対して公約する。

（以上）

第二五期新規会員任命に関する要望書

令和二年一〇月二日

日本学術会議第一八一回総会

内閣総理大臣 菅 義偉 殿

第二五期新規会員任命に関して、次の二点を要望する。

1．二〇二〇年九月三〇日付で山極壽一前会長がお願いしたとおり、推薦した会員候補者が任命されない理由を説明いただきたい。

2．二〇二〇年八月三一日付で推薦した会員候補者のうち、任命されていない方について、速やかに任命していただきたい

参考文献

池内了『科学者と戦争』、『科学者と軍事研究』（以上、岩波新書）、『科学者は、なぜ軍事研究に手を染めてはいけないか』（みすず書房）

池内氏による、軍事研究と科学者をめぐる三部作。『科学者は、なぜ軍事研究に手を染めてはいけないか』の「あとがき」には、「大学で行なわれる議論に参考になるように、また教員や事務や技術系の職員が若者に接する時の虎の巻として使えるように、と考えて書き直した」とある。日本学術会議の会員でもあった氏は、湯川秀樹、坂田昌一、朝永振一郎らをはじめとする創設期の科学者による、軍事研究への参加に明確に反対する精神を、国家安全保障の下に学問の自由や独立性が損なわれていく現在、改めて堅持していく必要性を主張する。

加藤周一・久野収 編『戦後日本思想体系10　学問の思想』（筑摩書房）

戦後約四半世紀における学問の在り方をまとめたアンソロジー。当時の人文・社会科学系の研究者たちが、戦争をどう見、学問をどう考えてきたかを知るうえで参考になる。一九四六年から六九年までの年表が巻末に掲載されている。同じシリーズで『戦後日本思想体系9　科学・技術の思想』があり、理系の学問に対する研究者の姿勢を知るうえでは、こちらを参照のこと。

佐々木力『学問論』（東京大学出版会）

一九七〇年以降の学問に対する見方の一つを提供する数少ない一冊。特に、ポストモダニズム思想がもたらした二〇世紀後期の学問観や、福沢諭吉の「学問ノススメ」「文明論之概略」「学問之独立」についてのコメントは、学問の現在を考えるうえで参考となる。

中村隆之『野蛮の言説――差別と排除の精神史』（春陽堂ライブラリー）

特に学術会議問題と深く関連するわけではないが、文明対野蛮の図式が、文明そのものの「闇の奥」にある野蛮という構図へと展開され、その中で学者や研究者の在り方が間接的に問われていることに改めて気づかされる。若い方は知識の獲得のために、高齢者は知識の整理に。

エドワード・サイード『人文学と批評の使命』（岩波書店）

『オリエンタリズム』の問題提起で一世を風靡した比較文学者による学問論。「あえて言えば人文学は批判」であり、現代の人文学者に求められているのは「多様な世界と伝統の複雑な相互作用についての感覚を養うこと、そして属しつつ距離を置き、受容しつつ抵抗する」こと、言い換えれば「インサイダーでありかつアウトサイダーであることだ」というサイードの議論は傾聴に値する。

杉山滋郎『「軍事研究」の戦後史』（ミネルヴァ書房）

一九五四年、中谷宇吉郎は米国の雪氷永久凍土研究所で行っていた研究を北海道大学の低温科学研究所で継続しようとしたが、同大は研究資金が米空軍から出ていることを理由にこれを拒否した。この事件は学術会議をも巻き込んで大きな論争に発展する。中谷の評伝を著した杉山は、この事件を手掛かりに「基礎研究」や「デュアル・ユース」と軍事研究との関わりを歴史的に検証する。今回の「学術会議の任命拒否問題」にも示唆するところ大である。

人文社会系学協会連合連絡会

2020年10月初めに広く報道された日本学術会議の任命拒否問題では、人文・社会科学系の学協会（以下、学会）の間に強い不安や心配が広がった。今回の事態を憂慮した人文・社会科学系諸分野の学会代表約20人が、10月14日に会合をもち、情報交換・意見交換を行い、今回の問題に対応していくための、人文・社会科学系の学会の各分野を横断する臨時的な連絡会を作ることになった（その後、約40人に拡大）。それが「人文社会系学協会連合連絡会」である。連絡会はその後8回開催され、11月6日に共同声明（226学協会が参加・賛同）を発出、12月2日に共同声明の英語版（310学協会が参加・賛同）を発出した。

論創ノンフィクション008

私たちは学術会議の任命拒否問題に抗議する

2021年2月20日　初版第1刷発行
2021年4月 1 日　初版第2刷発行

編著者　人文社会系学協会連合連絡会
発行者　森下紀夫
発行所　論創社
東京都千代田区神田神保町2-23　北井ビル
電話　03（3264）5254　振替口座　00160-1-155266

カバーデザイン　宗利淳一
組版・本文デザイン　アジュール
印刷・製本　精文堂印刷株式会社
編　集　谷川 茂

ISBN 978-4-8460-2021-7 C0036